JN419145

최소한의

윤리

최소한의 윤리

인간의 도리를
지키려는
우리의 선한
본성에 대하여

이권우 지음

어크로스

두려움을 넘어 더불어 사는 세상으로

친한 벗한테 내가 원시유가原始儒家, 특히『맹자』읽기에 전념하고 있다니 뜻밖이라는 반응을 보였다. 이런저런 말이 오갔는데, 정리하자면 그토록 고리타분한 이야기를 읽느라 시간을 보낼 필요가 있느냐는 것이었다. 시대에 걸맞지 않고 오히려 더 나은 세상을 꿈꾸는 데 걸림돌이 되지 않느냐는 뜻이기도 했다. 일견 당연하다. 우리 역사가 자생적 근대화에 실패하고 식민지로 전락한 데는 분명히 성리학에 매몰된 데 한 원인이 있다. 하지만 나는 성리학을 공부하는 게 아니라, 철학적이고 정치적으로 잔뜩 낀 더께를 말갛게 씻어낸, 공맹의 생생한 본디 목소리가 담긴 원시유가를 탐독한다고 말했지 않은가('흠, 무식한 녀석, 원시유가와 성리학을 구별하지 못하다니!'라고 속으로만 생각했다).

내가 내심 한심해 하면서도 겉으로는 친절한 척하며 벗에게 한 말은 이랬다. 내가 『맹자』에 주목한 이유를 한마디로 댄다면 두려움[懼] 때문이다. 『맹자』에 보면 이런 내용이 나온다. 우리가 알듯 춘추시대는 일대 혼란의 시기였다. 폭정이 펼쳐지고 전쟁이 일상이 되었다. 그러자 세상에는 임금을 시해하는 신하와 아비를 해치는 자식이 생겼다. 문명사회를 가능케 했던 원칙이 무너졌다. 인간의 시대는 종결되고 마침내 짐승의 시대가 도래한 듯싶었으니, 공자는 이 상황을 두려워했다[孔子懼]. 맹자가 살던 전국시대는 공자 시대보다 더 상황이 나빴다. 숱한 나라로 흩어져 자웅을 겨루던 춘추시대를 거쳐 7개의 강력한 제후국이 형성되었고, 이들 사이의 패권 투쟁은 극에 다다랐다. 마침내 짐승을 몰아 사람을 잡아먹다가 끝내 사람이 사람을 잡아먹게 될 상황에 이르렀다. 맹자가 참담한 심정으로 토로했다. "나는 이 사태가 두렵다[吾爲此懼]!"⁶:⁹

 내가 감히 공맹의 수준에 이른 사람은 아니지만 오늘을 살며 느낀 바가 있으니, 나도 이 시대가 두렵다. 내가 두려움을 느끼는 첫 번째 이유는 기후 위기다. 유한한 지구에 살면서 인류는 무한한 성장을 추구했다. 탄소 문명을 바탕으로 지구환경을 해치며 오로지 인류만을 위한 발전 전략을 펼쳤다. 그 결과 우리는 지구가열global boiling이라는 위기를 맞이했다. 이미 지구 평균온도가 산업화 시대보다 1.5도 더 올랐다. 2도 이상 오르면 티핑포인트라 하여 돌이킬 수 없는 파국을 맞이하리라 예측하는 상황이니, 우리는 벼랑 끝에 거의 다다른 셈이다. 그러니, 나는 두렵다.

두 번째는 세계적인 불평등이다. 오로지 자본의 이익만을 추구한 신자유주의는 세계 차원에서 불평등을 심화시켰다. 세계불평등연구소가 발표한 「세계불평등보고서 2022」에 따르면, 2021년 전 세계 상위 10%의 부자가 전체 소득의 52%와 자산의 76%를 점유하는 것으로 나타났다. 우리도 다를 바 없다. 상위 10%와 하위 50%의 소득격차는 우리나라가 14배로, 프랑스(7배)나 이탈리아와 스페인(8배), 영국(9배), 독일(10배) 등 서유럽 국가보다 최대 2배나 크다. 게다가 우리나라 상위 10%가 보유한 부는 하위 50%의 52배에 이른다. "불평등성의 증가는 사회통합에 대한 영향은 물론 그 이상의 장기적 경제성장에 손상을 끼친다." 이 문구는 신자유주의를 반대하는 세력의 항변이 아니다. 이 체제를 유지하고 발전시키는 것이 목적인 OECD가 발표한 내용이다. 아이러니하지 않은가, 더 많은 이윤을 추구하다 자본주의 자체를 위협에 빠뜨렸으니 말이다. 허기에 지쳐 마침내 제 살을 파먹는 에리시크톤을 떠올리게 한다. 나는 이 상황이 매우 두렵다.

세 번째는 한반도를 둘러싼 위기 상황이다. 북한은 전술핵무기 개발에 성공했고 발사 후 1분 남짓 만에 서울 상공에 도달할 정도로 기술 개발이 이루어진 것으로 보인다. 만약 전쟁이 일어난다면 한반도는 쑥대밭이 되고 만다. 혹여 중국이 대만을 침공하면 주한미군이 개입할 가능성이 점쳐지고 있다. 중국이 우리 영토를 보복 대상으로 삼을 수도 있는 것이다. 이런 시나리오를 머릿속에 떠올리는 것만으로도 나는 두려워, 떨린다.

마지막으로는 민주주의의 위기다. 12·3 내란 사태를 겪으며 우리 안에서 자란 파시즘이라는 유령을 보았다. 정말, 보수진영 내부에 극우가 똬리를 틀고 있을 거라 짐작하지 못했다. 그동안 우리는 권위적인 통치체제가 낳은 부작용으로 큰 후유증을 앓았다. 지난한 민주화 과정은 어찌 보면 그 상처를 치유하고 다시는 그런 사태가 벌어지지 않게 하려는 국민적 합의에 이르는 여정이었다. 그러니, 계엄령이 선포되는 장면이 21세기 대한민국에서 벌어질 거라고는 상상치 못했다. 비록 내란은 진압되었지만, 경계 태세를 늦추는 순간 또다시 민주주의의 가치가 위협받는 사태가 벌어질까 봐 나는 무척 두렵다.

우리가 놓인 상황이 위기 국면이라 판단한 나는 두려움에 떨고 있는데, 세상은 태평성대다. 이 모든 것이 잘 유지될 것이며 외려 더 많은 발전과 성장이 있으리라 떠벌려댄다. 설혹 입으로는 위기라 떠들더라도 실제로는 오늘의 풍요를 만끽하느라 정신이 없다. 정치도, 경제도, 학문도 이 두려움의 정체를 밝히려 들지 않는다. 하나, 맹자는 달랐다. 두려움에 떨며 절실한 심정으로 대안을 내세웠던바, 거기에 오늘에 되살려 우리 삶의 가치로 삼을 만한 빛나는 사유가 있다.

맹자가 철학사에 일으킨 혁명은 선한 마음이 본성임을 발견하고 이를 논증한 데 있다. 이 발견을 토대로 맹자는 두 갈래의 가능성을 열어젖혔다. 그 하나는 선한 마음을 존심양성하여 성인聖人에 이르는 길이다. 사람이라면 누구든지 성인인 요순이 될 수 있고[人皆可以爲堯舜]12:2, 순임금과 같이 한다면 누구나 다 순임금처럼 될 수 있다5:1고 했다. 이것은 최대 윤리라 할 수 있다. 다른 하나는 조건적이고 계약적 관계의 형성으로 가는 길이다. 한 사람이 맺는 다섯 가지 관계를 뜻하는 이른바 오륜에서 이를 확인할 수 있다. 맹자는 오륜이 전제하는 조건과 계약이 실현되지 않으면, 그 관계는 파기되거나 해지할 수 있다고 주장했다(부자관계는 예외이다). 맹자가 성선설을 설파하고, 이를 확충하여 인민의 기본적 삶을 보장하는 왕도를 펼쳐야 하며, 이를 이루지 못할 때 역성혁명을 일으킬 수 있다고 한 이유다. 내가 주목한 맹자 철학이 바로 이러한 '최소한의 윤리'다. 우리 사회가 지향해야 할 궁극적 가치가 무엇인지를 두고 논쟁하고 투쟁할 수 있다. 그러나 서로 궁극의 지향점이 다르더라도 공동체를 구성하고 유지하는 데 요구되는 최소한의 가치는 공유해야 마땅하다. 아니면 이념적인 내전 상태가 펼쳐질 공산이 크다. 맹자가 제시한 최소한의 윤리는 오늘 우리가 맞은 공멸의 위기를 넘어 더불어 사는 세상으로 건너가는 징검다리가 될 터다.

이제 한낱 게으른 책벌레가 읽은 『맹자』 독후감을 늘어놓으려 한다. 본디 책 읽기는 읽는 이의 비판적이며 창조적인 독법이 강조되어야 마땅하나, 나의 역량으로는 겨우 맹자 사유의 보편성과 현대성을 드러내는 데 머물렀을 뿐이다. 부디 나의 『맹자』 읽기가 당신에게 감동을 주고 지적 유혹이 되길 바란다. 두려움에 맞서 더불어 사는 새로운 세상을 꿈꾸는 일은 절대 포기할 수 없는 우리의 권리이다.

차례

일러두기

자주 인용하는 『맹자』는 책명을 생략하고 편과 장만 표기했다. '1:1'은 '제1편 「양혜왕 상」 제1장'을 가리킨다. 『맹자』 번역문은 국내에 나온 맹자 역주서를 참고해 일반 독자가 이해하기 쉽게 풀어 옮겼다. 『맹자』 이해를 돕기 위해 인용한 『논어』는 책명을 밝히고 편과 장을 표기했다. '『논어』 1:1'은 '제1편 「학이」 제1장'을 이른다.

양혜왕은

어쩌다

빌런이 되었나

도탄에 빠진 세상을 구제하려고 맹자孟子(본명은 맹가孟軻이다)
는 천하를 떠돌아다녔다. 어느 시기에 어느 나라에 가서 어떤
왕을 만났느냐를 두고는 말이 많다. 정확한 기록이 남아 있지
않아서다. 중국의 철학자 차이런호우蔡仁厚가 정리한 맹자의
'공생애'를 재구성하면 다음과 같다.

추나라에서 제자들을 가르치다 → 제나라에서 광장과 교유하
다(제위왕 시절) → 송나라에서 세자 시절의 등문공을 만나다 →
설나라를 거쳐 추나라로 돌아오다 → 노나라에서 평공을 만나
지 못하다 → 등나라에서 제후의 자리에 오른 등문공과 어진
정치를 펴다 → 양나라에서 혜왕을 만나 인의를 논하다 → 제

나라로 가 선왕을 만나 왕도를 논하다 → 제나라를 떠나 휴읍에 거하다 → 은둔하며 책을 저술하다.[1]

만약 이 순서가 맞다면 『맹자』의 맨 앞부분에는 광장匡章의 이야기가 나와야 한다. 나중에 보겠지만, 광장이라는 인물에 얽힌 이야기에는 효에 관한 통념을 박살내는 놀라운 대목이 들어 있다. 한발 양보해 왕과의 교유를 맨 앞에 놓아야 했다면 등문공이 세자이던 때 만나 가르침을 주었던 이야기가 나와야 한다. 하지만 『맹자』의 맨 앞에 등장해 철학사적 '빌런'이 된 인물은 양혜왕梁惠王이다. 이는 『맹자』가 어떤 관점에서 편집되었는지 짐작하게 해준다. 맹자의 고갱이가 바로 양혜왕과 나눈 대화에 있다는 말이다. 동양철학의 핵심은 늘 맨 앞자리에 놓여 있다. 두괄식이라는 뜻이다. 그러니 『논어』는 학學과 습習이, 『도덕경』은 도道가, 『장자』는 화化가 핵심 주제어라 할 수 있다.

『맹자』를 관통하는 주제어 역시 당연히 「양혜왕 상」에, 그것도 1장에 수놓여 있다. 이를 자세히 살펴보기 전에 이 문제적 인물인 양혜왕이 누구인지부터 알아보자. 배경을 모르고서는 『맹자』의 핵심 주제어를 제대로 이해하기 어려우니 말이다.

양혜왕은 누구인가

양혜왕은 양나라의 혜왕을 가리킨다. 본디 왕은 천자天子를 일컫는 말이었다. 그런데 전국시대가 되면서 제후가 너도나도 왕이라 참칭했다. 물론 개나 소나 다 왕이라 한 건 아니고 작은 나라의 후侯는 여전히 공公이라 했고, 힘센 놈들만 왕이라 했다. 춘추시대만 해도 패자霸者가 되더라도 여전히 공이라 했으니, 그만큼 전국시대 주나라의 왕은 한낱 '바지 사장'에 불과했고, 7개 제후국의 위상이 상당히 높았다는 사실을 알 수 있다.

양나라는 본디 위魏나라였다. 나라 이름이 바뀌어 불렸다는 말이다. 사정이 있다. 위나라는 춘추시대에 제환공을 이어 패자로 군림한 진문공을 배출한 바로 그 진晉에서 갈라져 나왔다. 위나라의 역사를 짧게 살펴보자. 진나라 헌공 때 필만이 산서성의 위의 대부로 봉해졌고, 위헌자가 경卿에 임명되어 확고한 권력 기반을 닦았다. 기원전 453년에는 진나라의 제후가 유명무실한 존재로 전락한 틈을 타 3경인 한호, 위구(위환자), 조맹이 나라를 삼분하고 각자 독립했다. 그러고 나서 50년이 지난 기원전 403년 한건, 위사(위문후), 조적이 허울뿐인 천자였던 주의 위열왕한테 제후 지위를 공식적으로 인정받기에 이른다. 이 사건은 그나마 명맥을 유지하던 주나라의 통치 질서가 완전히 무너지고, 하극상과 약육강식이 시대정신이 되었음을 널리 알린 신호탄이었다. 이때를 전국시대의 출발점으로 삼는데, 전국이라는 말은 전한前漢 시대의 학자 유향劉向이 이 시대 전략가의 책략을 편집한 책이 『전국책戰國策』인 것에서 비롯했다.

위문후는 걸출한 정치가로 평가받는다. 사마천은 위문후를 일러 '호학好學의 군주'라 추켜세웠다. 위문후는 공자의 제자인 자하를 스승으로 섬겼고, 자하의 제자로 알려진 전자방과 단간목도 모셨다. 이회를 등용해 곡가를 조절하고 빈민을 구휼하는 평적법을 실시했고, 서문표한테 하내河內를 다스리게 했다. 오늘로 치면 군사전문가인 병가兵家 오기를 등용해 하서河西의 방비를 강화했다. 정치철학자 배병삼은 "진나라는 중원 문화의 발상지이며 교통의 요지이자 물류의 교차로"였고, "위나라는 진나라의 정통을 계승한 문화 강대국이었다"고 평한다.[2] 위문후의 아들인 위무후를 이어 새로 제후가 된 인물이 바로 혜왕이다. 위나라의 3대째 제후다.

혜왕이 어떤 인물인지 『사기』에 나온 내용을 얼기설기 섞어 보면 이렇다. 혜왕 30년에 위나라가 조나라를 공격했다. 다급한 조나라가 제나라에 도움을 요청했다. 제나라 선왕이 손빈의 계책을 활용하여 조나라를 구하고 위나라를 물리쳤다. 이에 위나라는 군사를 크게 일으켜 장수 방연에게 이끌게 하고 태자 신을 상장군으로 삼았다. 그러나 마릉에서 대패해 태자 신은 포로로 잡혔고 방연은 전사했다(자살했다는 말도 있다). 후대 사람은 혜왕이 손빈을 만만하게 본 탓이 크다고 말했다.

혜왕 31년 진秦나라, 조나라, 제나라가 함께 위나라를 공격 했다. 이때 눈에 띄게 활약한 장수가 진나라의 상군이었다. 상 군은 위의 장군이자 공자公子인 앙을 속이고 습격하여 그 군대 를 박살냈다. 제나라, 조나라도 위나라를 격파했다. 잇따라 땅 을 잃게 된 위나라는 수도인 안읍安邑이 진나라에 가까워지자 대량大梁으로 도읍을 옮길 수밖에 없었다. 이때부터 사람들은 위를 '양'이라 불렀다. 옛적에 상商나라의 19대 임금인 반경이 쇠약해진 국운을 되살리고 정치적 혼란을 수습하려고 수도를 은殷으로 옮긴 바 있다. 상이 멸망한 이후 주나라 사람이 상을 낮추어 은이라 부른 이유다. 이런 역사를 감안하면 위나라가 양나라로 불린 것은 혜왕 처지에서 보자면 무진장 치욕스러운 일이다.

짚고 넘어갈 이야기가 또 있다. 양나라를 위기로 몰아간 진 의 상군은 법가로 유명한 상앙商鞅을 말하는데, 그는 본디 혜 왕 시절 위나라 사람이었다. 상앙은 위의 재상인 공숙좌를 모 셨다. 공숙좌는 상앙이 빼어나다는 점을 알면서도 왕에게 추 천하지 않았다. "그의 현실에 대한 생각이 너무도 래디칼했기 때문"[3]이라 짐작한다. 그러다 공숙좌가 중병에 걸려 드러눕자

혜왕이 문병을 와서는 당신 없는 조정을 앞으로 어떻게 운영해야겠냐고 물었다(이 대목은 증자가 위중해지자 맹경자가 병문안 왔을 때 나눈 대화를 떠올리게 한다. 증자는 새가 죽을 때가 되니 울음이 슬프고 사람이 죽으려 하니 그 말이 선하다며 군자는 정치를 하면서 행동에서는 포악함과 나태를 멀리하고, 안색을 바로잡고 성실해야 하며, 말할 적에는 비루하고 이치에 어긋날 것을 멀리하고, 소소한 일은 담당자에게 맡기라 했다논어 8:4).

공숙좌는 상앙이 어리지만 특별한 재주가 있으니, 나라를 맡겨보라고 했다. 만약 기용하지 않으려면 반드시 죽이라고까지 했다. 왕이 떠나고 나자 공숙좌는 상앙을 불러 저간의 사정을 이야기하면서, 왕의 표정을 보아 기용하지 않을 듯하니 어서 떠나라고 했다. 이 긴박한 상황에서 상앙의 배포는 두둑했다. "왕이 당신의 말을 듣고 신을 기용할 수 없다고 했는데, 어찌 당신의 말을 듣고 신을 죽일 수 있겠습니까?"라며 끝내 떠나지 않았다. 공숙좌가 죽고, 진효공이 유능한 사람을 찾는다는 소문을 들은 상앙은 진으로 넘어갔다. 진효공은 상앙이 오제五帝의 길을 말해도 듣지 않았고 왕도王道를 말해도 듣지 않았는데, (아마도 제환공과 진목공의 통치방법인) 패도覇道를 말했더니 마침내 채용할 마음을 보였다고 한다. 그래서 진효공을 네 번째 만나 "나라를 강하게 만드는 방법(아마도 법치주의에 기반한 통치)을 말씀드렸더니 국군國君께서 크게 기뻐"하여 상앙을 오늘로 치면 국무총리 격인 대량조에 임명했다. 바로 이 상앙이 진나라의 병사를 이끌고 위의 안읍을 포위하여 항복시켰던 것이니, 혜왕이 말하길 "과인은 공숙좌의 말을 받아들이지 않은 것이 한스럽다"고 했단다.「사기열전」「상군열전」

할아버지가 세운 강성한 나라를 약골로 만들었으니, 부자 3대 가지 못한다는 속언을 떠올리게 한다. 물려받은 재산 믿고 이리저리 설레발치면서 '갑질'하다 몰락하는 재벌 3세가 떠오르기도 한다. 이 내용은 『맹자』에서도 확인되니, "과인의 대에 이르러 동으로는 제에 패하여 맏아들이 거기서 죽고, 서로는 진秦에게 사방 700리 땅을 잃고, 남으로는 초에 욕을 당했습니다"라고 했다.1:5 혜왕의 이야기가 여기서 끝났다면, 맹자 철학의 고갱이를 만나지 못할 수도 있었다.

맹자를 모시다

『사기』에 따르면, 혜왕이 전쟁에서 여러 번 패배하자 넉넉한 예물과 공손한 자세로 유능한 사람을 초빙했다. 추연鄒衍, 순우곤淳于髡, 맹자 등이 모두 대량으로 왔다. 뒤늦게나마 정신 차리고 나라를 재건하고 할아버지 때 누린 영광을 되살리려 당대 유명한 철학자를 국정 자문으로 초청한 것이다. 맹자가 양나라에 온 것은 혜왕 즉위 35년 81세쯤일 때, 맹자 나이 53세쯤일 때로 보이니 혜왕이 죽기 1년 전이었다.

이제 앞으로 진지한 얘기만 펼쳐지니 이쯤에서 재미있는 이야기를 해보자. 맹자는 국정 자문 역할을 하면서 경제적 대가로 얼마를 받았을까? 맹자가 제나라에 있을 때는 좁쌀 10만 종鍾을 받은 듯하다. "만약 내가 부자가 되고 싶었다면, 10만 종을 사양한 터에 1만 종을 받는 것이 부자가 되는 길이라고 할 수 있겠느냐?"라는 기록이 있다.4:10 (맹자가 제나라를 떠나려 하자 선왕이 대학 총장이라도 하라며 제안한 금액이 1만 종이었다. 그러자 '내가 평소 받은 연봉이 10만 종인데, 돈에 욕심 있으면 그냥 남아 있지 굳이 떠나겠는가'라는 뜻으로 한 말이다.) 칼럼니스트 리카이저우는 좁쌀 10만 종을 지금의 단위로 환산하면 1만 5000톤에 이르는데, 공자가 받은 연봉의 100배가 된다고 추정했다. 맹자는 송나라에서는 노잣돈으로 순금 70일鎰을 받았고, 설나라에서는 경호 비용으로 50일을 받은 적이 있다.4:3 일은 오늘로 치면 약 300그램으로, 맹자가 받은 금을 합치면 무려 36킬로그램이 된다.⁴ 맹자의 '몸값'이 얼마나 높았는지 알 수 있다. 이런 추산은 얼추 맞을 성싶다. 맹자의 제자인 팽경이 "수레 수십 대가 뒤따르고, 제자 수백 명을 거느리고서 제후들을 전전하며 밥을 얻어먹는 것은 너무 지나친 짓이 아니냐"며 맹자를 힐난한 적이 있으니 말이다.6:4

우리 맹자 선생, 오늘로 치면 '일타강사' 못지않은 수입을 거두며 세상을 주유하셨다. 자가용 비행기 타고 이웃 나라로 넘어갔고 카퍼레이드하며 당당히 입궁하여 군주를 만나 '썰'을 푸셨던 셈이다. 혹여 대국에서 높은 자리 차지해 권력과 부를 누리지 못하고, 이 나라 저 나라 떠돌아다니며 군주의 비위나 맞춰 제 한 몸 건사한 인물로 맹자를 알고 있었다면 크게 잘못 안 것이다. 우리의 맹자를 찌질하게 보지 말렷다!

왕께선 하필

이익을

말씀하십니까!

큰돈 들여 모셔온 맹자를 만난 양혜왕, 급한 마음에 서둘러 속마음을 드러냈다. "어른께서 천 리 길을 멀다 하지 않고 오셨는데 내 나라를 이롭게 할 방안이 있으시겠지요? [有以利吾國乎]"라고 물었다.1:1 당연한 일이다. 이런저런 나라에 땅을 빼앗겼다. 금쪽같던 세자도 잃었다. 힘을 잃으니 다들 승냥이 떼같이 몰려들어 물어뜯으려 한다. 할아버지가 물려준 쏏나락 다 까먹게 되어버렸다. 체면이고 예의고 따질 일이 아니다. 빨리 비법을 알려달라고 채근해야 할 만큼 사정이 급했다. 한 방에 상황을 역전시켜야만 했다.

한 나라의 임금이 되어 이익을 말하는 것은 당연하다. 먹고 살려면 다른 무엇보다 이익이 통치의 열쇠 말이 되어야 마땅하다. 전통적으로 권력자는 이익을 대놓고 말했고, 많은 철학자가 이를 옹호하며 그 방책을 내놓았다. 점잔 빼지 않고 속 깊은 이야기를 나누어보면 이익이 맨 앞에 나올 수밖에 없는 법이다. 이는 서양철학사에서도 쉽게 확인할 수 있다.

플라톤의 『국가』에 등장해 호기롭게 소크라테스에게 맞짱 뜨다 판판이 깨지는 어릿광대 같은 인물이 트라시마코스다. 트라시마코스는 정의正義란 "강자에게 이익이 되는 것"이라고 정의定義한다. 소크라테스가 이해가 안 된다고 시비를 거니 거드름 피우면서 나름의 논리를 펼친다. 각 정권에서 통치자는 자신에게 이익이 되는 법을 제정하고 이를 정의라고 공표하게 마련이다. 정치체제가 민주정이든 참주정이든 결국은 정권에 이익이 되는 것이 정의가 되고, 정권은 곧 힘 있는 자를 뜻하니 정의란 더 힘 있는 사람에게 이익이 되는 것이 아니냐며 목청을 높였다.

소크라테스 특유의 질문법을 산파술이라고 하는 데는 다 이유가 있다. 끈질긴 문답법으로 무지의 지를 깨닫게 하기 때문이다. 한번 물면 놓아주지 않는 불도그처럼 소크라테스가 질문을 쏟아붓자 진저리를 치면서도 트라시마코스는 자신의 주장을 굽히지 않는다. 목동이 양이나 소를 살뜰하게 보살펴서 살찌우는 것이 누구를 위한 것이냐 되묻는다. 양이냐 소냐, 아니면 주인이냐? 답은 뻔하지 않으냐. 주인과 목동에게 이로움을 주기 때문이다. 통치자가 백성을 다스리며 애를 쓰는 것은 백성을 위해서가 아니라 강자인 통치자에게 이익이 되기 때문이다. "소크라테스 선생, 정말 당신은 더없이 순진하시군요!"라고 비아냥거리며 몰아붙인다. 이어지는 이야기는 길어도 너무 기니, 일단 여기서 일단락 짓자.

토머스 모어의 『유토피아』에도 흥미로운 이야기가 나온다. 유토피아 공화국을 칭송하는 얘기를 하다가 다들 자기 나라를 공화국이라고 하고 공공의 이익을 추구한다고 말하지만, 사실은 개인의 이익만을 추구할 뿐이라는 말을 뱉는다. 어쩌면 이런 이야기는 서곡에 불과할지도 모른다. 우리가 사는 체제를 자본주의라 한다. 이 체제의 근본 특성을 냉철하게 파악한 애덤 스미스의 그 유명한 '보이지 않는 손'은 무엇을 뜻하던가? 애덤 스미스는 『국부론』에서 저녁에 고기 안주에 와인 한 병 비우고 빵으로 입가심하는 것은 정육점, 양조장, 빵집 주인의 자비 덕이 아니라, 물건 열심히 팔아 돈 왕창 벌려는 각자의 이익에 대한 관심 때문이라고 지적한다. 자본주의적 삶은 물건을 만들거나 파는 사람의 인간성이 아니라 이기심에 호소할 따름이며 거지 말고는 누구도 동료의 자비에 전적으로 의지하려고 하지 않는다고 했다.

하긴 자본주의라는 말 자체가 뜻하는 바가 무엇인지를 안다면 오늘 우리 삶을 지배하는 시대정신이 이익이라는 점을 인정할 수밖에 없다. 자본이란 더 많은 이익을 남기려고 경제 과정에 투입된 뭉칫돈을 가리킨다. 자본은 이익의 증식과 같은 말이다. 오늘을 사는 우리는 양혜왕의 도플갱어일 뿐이다. 나만을 위한 이익이 무엇인가를 골똘히 살피는!

'내 나라'의 이익을 묻다

양혜왕이 말한 이익이 구체적으로 어떤 내용이었는지 살펴보자. 전쟁통에 맏아들을 잃고 진과 초에 땅을 빼앗긴지라 양혜왕은 치욕스러웠다. 얼마 남지 않은 삶에서 꼭 이루어야 할 목표가 있었다. "바라건대 전몰자를 위하여 단번에 설욕하고 싶은데, 어떻게 하면 되겠습니까?"1:5 알겠다. 양혜왕이 맹자에게 바라는 바는 땅을 되찾고 백성을 늘려 과거의 영광을 단박에 다시 누릴 방안이 무엇이냐는 것이었다. 물론 양혜왕만 품은 야망은 아니다. 맹자가 제선왕의 속마음을 읽어내어 그를 당황케 했던 대목에서 확인되는바, 당대의 권력자는 누구나 다 영토를 넓혀서 진나라와 초나라의 조회를 받고, 천하의 중앙을 차지하여 사방 오랑캐를 어루만지기를 바랐다.1:7 양혜왕이 맹자에게 한 말이 우리 나라의 이익이 아니라 내 나라의 이익이라고 한 점에도 주목해야 한다. 얼핏 들으면 부국강병을 통해 백성의 삶의 질을 높이는 방안을 묻는 듯하지만, 실제는 오로지 왕 자신만의 이익을 목적으로 삼았다. 백성은 생산력 증진을 위한 수단이요, 전쟁터에 나서는 총알받이일 뿐이다. 백성은 목적이 아니라 한낱 수단일 뿐이다. 이를 입증하는 일화가 있다.

양혜왕은 맹자에게 자신이 백성을 위해 마음을 다해왔다고 뻐겼다. 일례로 하내 지역에 흉년이 들면 주민을 하동으로 옮겨주고, 구휼미는 하내로 보냈다. 하동 지역에 흉년이 들어도 이런 방식으로 구제했다. '오호, 참으로 성군이로다!'라고 고무 찬양해야 마땅한데, 백성의 반응은 시큰둥했다. 이해가 되지 않으니 맹자에게 내 나라 백성이 늘어나지 않는 이유는 무엇이냐고 물을 정도였다. 풍년에는 개와 돼지가 사람이 먹는 것을 먹어도 단속할 줄 모르고, 흉년에는 길섶에 굶주린 자와 주려 죽은 시체가 나뒹구는데도 창고를 열어 구휼할 줄 모르며, 사람이 죽어가도 '내 탓이 아니다, 이건 시절 탓'이라 하면 백성이 늘어날 리 없다고 맹자가 답변했다.[1:3] 성리학을 집대성한 철학자로 추앙받는 주자朱子는 이 대목에 주목했다. 백성이 굶주려 죽는데도 창고를 열 줄 몰랐다고 했으니 "그렇다면 그 옮겨간 것은 다만 민간의 곡식일 뿐이다"라고 주석을 달았다.「맹자집주」 마치 성군인 양 떠벌렸지만, 왕의 창고에 곡식이 넘쳐나고 고기가 썩어나가도 자신만의 이익을 챙기려고 굶주린 백성에게 나눠주지 않았던 것이다. 물난리가 났을 때 언론을 동원해 수재 의연금이라는 명목으로 사실상 기업이나 시민한 테 '삥' 뜯어 피해 본 분들 도와주고는 정권의 업적인 양 떠벌리는 꼴과 같다.

이익을 물은 양혜왕에게 맹자가 한 말은 단호했다. "왕께선 하필 이利를 말씀하십니까![何必曰利]"[1:1] 이런, 양혜왕 얼마나 민망했을까. 왕이 되어 나라의 이익을 묻는 건(물론 속으로는 왕만의 이익이지만) 당연하거늘, 하물며 뒷담화도 아니고 면전에서 핀잔을 주다니 말이다. 속으로 부아가 솟았을지도 모르는 일이다. 나라가 강성했다면 이 노인네가 과연 이런 말을 했을까 싶어 욱했을 터다. 실제로 강국인 제나라의 선왕은 맹자와 대화를 나누다 마음에 안 들면 희롱조로 말대답하거나 얼굴을 붉히거나 화를 내거나 쌩하니 나가기도 했다. 도대체 이익을 말한 게 무슨 잘못이라는 말인가.

맹자, 말씀하신다. 왕이 내 나라를 어떻게 이롭게 할까 하면, 대부는 내 가문은 어떻게 하면 이롭게 할지 고민하고, 사士와 서민 역시 내 한 몸을 이롭게 할 방안이 뭔가 찾아보게 마련이다. 이처럼 위와 아래가 한결같이 이익만을 다투면[交征利] 나라는 위태롭게 된다. 지금 누리는 권력과 부에 만족하지 않고 더 많은 이익을 추구하려면 어찌할 것인가? 당연히 아랫사람이 윗사람을 해칠 수밖에 없다. 천자를 시해할 녀석은 제후 가운데서 나오고, 제후 해칠 놈은 대부에서 나오게 마련이다. 이리되면 나라가 혼란해지고 만다. 그런데 어찌 이익만을 말하느냐고 꾸짖었다.1:1

이로움은 다툼을 낳는다

이쯤 되면 책 꽤 읽은 사람은 토머스 홉스의 『리바이어던』을 떠올릴 만하다. 홉스는 자연이 인간을 신체와 정신에서 평등하게 만들었다고 보았다. 능력이 평등하니 동일한 대상을 욕구할 때 상대방은 적이 될 수밖에 없다. 생존이나 쾌락을 위해서 상대방을 죽이거나 굴복시켜야 한다. 이러다 보니 모두를 떨게 만드는 공통의 힘이 없는 곳에서는 전쟁 상태에 돌입하게 된다. 이를 일러 '만인에 대한 만인의 투쟁'이라 했다. 공통의 힘인 천자의 권위가 바닥으로 떨어진 상태에서 자기 나라의 이익이나 자기만의 이익을 추구하니 전쟁이 늘상 일어나는, 말 그대로 전국戰國이라는 상황이 벌어졌다. 맹자는 이 끔찍한 상황이 장기적으로 지속되는 현실에 절망했고, 벗어날 길을 찾아 헤매었다. 그러니 이익을 말해서는 안 된다고 주장한 것이다.

왜 하필 이익을 말하느냐는 맹자의 대꾸는 사상투쟁을 전면

적으로 펼치겠다는 선언이기도 하다. 맹자는 당대 혼란의 사상적 책임이 묵자와 양주에 있다고 여겼다. 묵자·양주의 학설이 사라지지 않으면 공자의 도는 드러나지 않는다며, 옛 성인의 도를 보존하고, 부정한 학설을 내치겠노라 호언했다.6:9 물론 묵자와 양주만이 아니다. 당대를 떠들썩하게 한 뭇 철학은 결국 이익에 천착하는지라8:26 맞서 싸우겠다는 것이며, 단지 묵가의 영향력이 지대한지라 특정해 비판에 나선 것이다(양주에 대한 비판은 소략하다).『맹자』에 보면 묵가와 충돌하는 대목이 여럿 나온다. 이익이냐 인의냐, 절장節葬이냐 후장厚葬이냐, 성선性善이냐 아니냐, 인내의외仁內義外냐 인의내재仁義內在냐를 두고 격렬하게 대립한다.

『맹자』를 묵자와 벌인 사상투쟁적 관점에서 일관되게 해석한 배병삼은 맹자가 말한 교정리에 주목한다. 이 말은 묵자의 교상리交相利라는 개념을 비틀었는데, 단 한 글자를 바꿔 묵자 철학을 전복시키려는 의도라고 보았다.[1] 이런 탁월한 언어감각은 이미 공자부터 선보였다. 정치가 무엇이냐 물었더니 바름이라[政者正也] 하고,논어 12:17 인이 무엇이냐 했더니 더듬거림이라[仁者其言也訒] 하는 등논어 12:3 언어에 대한 시적 민감성을 보인 바 있다. 묵자가 말한 교상리는 서로 이롭게 한다는 뜻인데, 겸애를 설명하면서 나왔다. 천하 사람이 서로 사랑하지 않으면 강한 자가 반드시 약한 자를 위협하고 부자가 가난한 자를 업신여기는 일이 일어난다. 이처럼 천하에 화란禍亂과 찬탈 같은 일이 일어나는 것은 사랑하지 않기 때문이다. 잘못된 일이니 아울러 서로 사랑하고 번갈아 서로 이롭게 하는 것[兼相愛交相利]으로 이를 바꿔야 한다「묵자」「겸애 중」했다. 이익이 되니 사랑하란다.

중국의 철학자 펑유란은 묵자의 철학을 두고 "오로지 이익[利]을 중시하고, 오로지 성과[功]를 중시"한다고 평했다. 겸애의 도는 타인에게 이로울뿐더러 자신에게도 이롭다는 관점이 깃들어 있고, 묵자의 비공非攻 주의, 그러니까 반전 의식도 전쟁 자체를 문제 삼은 것이 아니라, 이롭지 못해서 내세웠을 뿐이라고 일갈했다.[2] 묵자 가라사대 "나라와 도성을 서로 치거나 부수지 않는 것이 천하의 손해이겠는가, 천하의 이익이겠는가? 누구나 반드시 천하의 이익이라고 할 것"「묵자」「겸애 하」이라 했으니, 묵가는 겸애하면 인간의 물질적 이익이 극대화될 것이라 보았던 셈이다.

배병삼의 지적대로 묵자 철학은 겸애를 바탕으로 군주가 백성을 위하면 백성의 수가 늘어나고 군사력이 강해지므로 결과적으로 군주의 이익이 늘어난다[3]는 가치관으로 형성되었다. 묵자가 설파한 겸애는 결국 이익만을 추구하는 세계를 낳았다. "묵자 사상은 대란을 진정하는 처방이 아니라, 대란을 일으키는 원인"일 뿐이다.[4] 교상리는 교정리를 결과할 따름이다.

맹자가 이익의 관점을 비판한 또 다른 일화는 평화주의자인 송경宋牼과 나눈 대화에 잘 나온다. 맹자가 초나라로 가는 송경을 만난 적이 있다. 어디로 가냐고 물으니 진나라와 초나라가 전쟁을 벌이려 하는지라, 초나라 왕을 만나 전쟁을 일으키지 말라고 설득하려는다 했다. 만약 거절하면 진나라 왕을 설득해보겠단다. 맹자가 어떤 논지로 설득하려느냐 했더니 전쟁의 불리不利함을 깨닫게 하겠다고 했다. 맹자가 반론을 폈다. 만약 진나라나 초나라 왕이 이익의 관점을 받아들여 철군한다고 치자. 전쟁을 치를 뻔하던 병사들이 철군하면 얼마나 기뻐하겠는가. 그런데 즐겁더라도 이익 때문에 기뻐한다면 문제가 있다. 신하가 이익을 꾀하여 임금을 섬기고, 자식이 이익을 꾀하여 아버지를 모시며, 아우가 이익을 꾀하여 형을 섬기면 망하고 만다.12:4 전쟁을 막아 평화를 유지하는 것은 중요하나 그 근거가 이익이 되어서는 안 된다는 뜻이다.

통치자가 이익을 목적으로 삼으면 안 된다는 말은 공자도 누누이 강조했다. "이익만을 좇아 행하면 원망이 많다",논어 4:12 "군자는 의義에 밝고, 소인은 이익利에 밝다",논어 4:16 "작은 이익에 휘둘리면 도리어 큰일을 이루지 못한다",논어 13:17 "이득을 볼 때는 의로움을 생각하라"논어 16:10 했으니, 두루 맞는 말씀이다. 그러면 이익만을 좇는 자를 맹자는 어떻게 보았을까? 닭이 울면 일어나 부지런히 선을 행하는 사람은 순임금의 무리이고,

부지런히 이익을 탐하는 자는 도적떼의 두목인 척蹠과 같은 무리다. 순과 척의 차이를 알고자 한다면 다른 것이 없다. 착한 일[善]을 하느냐, 탐욕[利]을 좇느냐에 달렸다.13:25

맹자, 말한다. 통치자가 되어 이익만을 추구하면 한낱 도적놈이라고. 그러면 양혜왕은 무엇을 물어야 했을까? 그게 바로 맹자 철학의 핵심이라는 점을 이제는 눈치챘으리라.

오직 인의만

있을 뿐이다

왜 하필 이익을 말하느냐며 양혜왕을 몰아붙였던 맹자. 그러면 무엇을 물어야 했단 말일까? 맹자는 말한다. 인仁한데 제 부모 버리는 자 없고, 의義로운데 임금 팽개칠 자 없다. 그러니, 왕의 말이라면 오직 인의仁義만 있을 뿐이다!1:1 맹자는 당대를 지배한 가치인 이익의 대척점에 인의가 있다고 선언했다. 이거야말로 코페르니쿠스적 전회다. 모든 철학이, 모든 통치자가 이익을 최우선 가치로 칠 때 맹자는 사랑과 의로움의 정신만이 참된 가치라고 주장했다. 땅을 넓히고 백성을 늘리고 생산력을 높여 그 이득을 권력자가 독점하는 데 혈안인 시대였다. 그런데 맹자는 단기필마單騎匹馬로 인의의 깃발을 높이 들고 그 시대를 누볐다. 공자가 들었던 말대로, 안 될 줄 알면서도 행하는 사람논어 14:41의 대열에 오른 셈이다.

　맹자는 공자의 사상을 물려받았다. 맹자가 대안으로 제시한 인의도 일찌감치 공자가 말한 바 있다. 문제는 공자가 인과 의를 사전적으로 정의하지 않았다는 점이다. 제자의 지적 수준이나 삶의 태도를 보고 맞춤하여 답을 해준지라 공자의 말에는 상호 충돌하고 모순된 듯 보이는 답변이 많다. 그리고 기억해야 할 것은 공자 철학의 고갱이는 '인'이라는 점이다. 맹자가 인의를 강조했다는 점은 인만으로 안 되고 반드시 의도 있어야 한다는 의지가 담겨 있다는 뜻이다. 맹자는 다급했다. 그만큼 상황이 나빠졌다는 말이기도 하다. 왜 아니겠는가. 춘추시대는 대략 130여 개의 제후국이 자웅을 다투었다. 도토리 키재기였다. 그런데 전국시대는 막강한 재력과 군사력을 갖춘 7개국이 혈투를 벌였다. 민중의 삶이 더 도탄에 빠졌다. 그러니 인만으로는 아니 되고, 의가 함께 있어야 한다고 보았을 터다. 송나라 때의 유학자 정이천도 이 점을 높이 추켜세웠으니, '공자는 다만 인이라는 개념을 말씀하셨는데 맹자는 입을 열면 인의를 말씀하셨다'며 그 공이 매우 크다고 평했다.『맹자집주』

'인의'란 무엇인가

『논어』에 나온 용례에 따라 인을 정의해보면 효제孝悌요, 충서忠恕이며, 극기복례克己復禮라 할 수 있다. 효는 부모에 대한 사랑을, 제는 형제간의 우애를 뜻한다. 충은 충성으로 새기면 안 된다. 공맹에게 충은 충실, 성실하다는 의미다. 충은 나 자신에 대한 문제이니 내향적이다. 서는 먼저 긍정문으로 설명할 수 있다. 능근취비能近取譬로 내 처지를 살펴 남의 처지를 짐작한다는 뜻이다. 나에게 가장 가까운 존재, 그러니까 내 아이가 아픈 것을 보고 안타까워하고 이를 해결해주려 애썼던 것처럼, 남의 아이 아픈 걸 보면 모른 척하지 않고 내 아이 아팠던 것을 떠올려 이를 안타깝게 여기는 마음이다. 부정문으로 설명하면 기소불욕 물시어인己所不欲 勿施於人이다. 내가 하고 싶지 않은 것을 남에게 시키지 않는다는 것이다. 그러면 그 일은 누가 해야 할까? 바로 내가 해야 하니, 여기에 딱 맞는 말이 솔선수범이다.

상관한테 받은 싫은 방식으로 부하 부리지 말며, 부하한테 받은 싫은 방식으로 상관 섬기지 말며, 선배한테 받은 싫은 방식으로 후배 선도하지 말며, 후배한테 받은 싫은 방식으로 선배 추종하지 말며, 저 동료한테 받은 싫은 방식으로 이 동료와 교제하지 말며, 이 동료한테 받은 싫은 방식으로 저 동료와 교

제하지 말라「대학」전 10장 했다. 이를 일러 혈구지도絜矩之道라 했
는데, 뜻이 서와 통한다. 나를 미루어서 상대를 헤아린다는 추
기급인推己及人도 같은 뜻이다. 서는 남에 대한 문제이니, 외향
적이다. 충서가 짝을 이루는 이유다. 극기복례는 내가 실체라
는 생각을 넘어 관계라는 각성에 이르는 것이다. 기는 에고·자
의식·실체·개체이고 예는 나보다는 남을 배려하고 관계를 맺
고 화합하는 길이다.[1] 다산 정약용은 인이란 두 사람이 관여되
는 것으로, 무릇 두 사람 사이에서 그 도를 다하는 것이라 풀
이했는데,「논어고금주」탁월한 해석이다.

　의에는 어떤 의미가 있는지 살펴보기 전에, 먼저 짚고 넘어
갈 게 있다. 맹자가 말한 의가 오늘 우리가 쓰는 정의正義와 같
다고 생각해서는 안 된다는 점이다. 정의는 서양어 'justice'를
번역한 말이다. 본디 동양에서 정의는 경전에 대한 올바른 해
석, 행위의 정당성, 곧고 의로운 인격을 뜻했다. 서양에서 정
의는 공정성, 호혜성, 절차성을 특징으로 한다. 상호 무관심
한 개인들이 어떻게 하면 공정하게 이익을 배분할 수 있는가
에 비중이 실려 있다. 하지만 동양의 의는 개인 몫보다는 역
할 의무의 수행을 중시하는 개념이다. 예를 들어 임금이 폭정
을 일삼아 백성의 권리가 침해되어 역성혁명을 일으키는 것
이 아니다. 임금에게는 인정을 베풀어야 하는 역할 의무가 주
어졌는데, 이를 실행하지 않은, 즉 책임 불이행에 대한 응징

이다.[2]

이 점을 감안하고 의의 의미를 볼라치면, 가장 먼저 의로운 일을 보고서도 하지 않는 것은 용기가 없는 것논어 2:24이라는 구절이 떠오른다. 공자가 의를 실천적 맥락에서 파악한다는 점을 명확히 보여주는데, 이는 공자가 자신의 걱정거리를 토로하면서, 그 가운데 하나가 어떻게 하는 섯이 의로운지를 알면서도 실천에 옮기지 못하는 것논어 7:3이라 말한 데서도 확인된다. 인의가 짝을 이룬다는 점에서 인한 마음을 도리에 맞게 실천하는 것을 의라고 볼 수도 있다.

현대적 개념으로 볼 때 의가 정당성을 뜻한다는 점을 알 수 있는 대목두 있다. 군자는 의를 제일로 삼게 마련이다. 군자가 용맹스럽기만 하고 의롭지 못하면 사회를 어지럽히고, 또 소인이 용맹스럽기만 하고 의롭지 못하면 도둑이 되고 만다.논어 17:23 도둑도 용기가 있으니, 가스관 타고 고층아파트를 기어올라 재물을 훔친다. 그러나 누구도 이를 칭찬하지 않는다. 소방관이 목숨을 걸고 불타는 집에 뛰어들어가 아이를 구할 때 입을 모아 용기 있다고 하는 것은 의롭기 때문이다.

의는 부정의를 바로잡는 일을 뜻하기도 한다. 『예기』에서는 천지의 해로움을 제거하면 이를 의롭다고 말한다「경해」고 했다. 또 인이란 온 세상을 밝히는 것이고, 의란 온 세상을 바로잡아 나가는 것「표기」이라고도 했다. 주자는 의를 가리켜 일의 마땅함

[宜]이라 했는데「맹자집주」 간단하지만 명료한 풀이다.

정의롭게 산다는 것

세상 모두가 이익에 미쳐 돌아가더라도 철학자라면 그 대척점에 놓인 진정한 가치를 외쳐야 한다고 생각한 것은 소크라테스도 마찬가지다. 정의는 강자의 이익이라는 트라시마코스의 억지를 논파한 소크라테스는 먼저 국가 차원에서 정의란 무엇인지 설명한다. 각자各自는 나라와 관련된 일 가운데 자기의 성향이 천성으로 가장 적합한 한 가지에만 종사해야 한다. 그리고 국가는 통치자·수호자·생산자로 계급이 나뉘는데, 통치자는 지혜가 있어야 하고 수호자는 용기가 있어야 하며 생산자는 절제해야 한다. 이 가운데 가장 중요한 것은 절제인바, 절제는 전 계급이 갖추어야 할 덕목이다. 국가가 세 계급으로 이루어져 있듯, 개인의 혼은 삼분되어 있다. 이성·기개·욕망이 그것인데, 개인에게 정의란 이 삼분된 혼을 이성이 잘 조절하는 것을 가리킨다(동양철학자 이승환은 소크라테스의 정의관이 계층 간 조화를 이상적 사회의 덕목으로 본 공자의 정명正名 사상과 비슷하다고 말했다[3]).

정의를 정의한 소크라테스는 왜 정의롭게 살아야 하는지를 탐색한다. 소크라테스는 대체로 정의롭지 못한 삶의 유형을 '무절제함', '고집스러움과 고약한 성미', '사치와 나약', '아첨과 비굴함'이라 지적한다. 이런 삶을 사는데도, 특히 남몰래 정의롭지 못한 짓을 저지르고도 처벌되지 않는 것은, 잘 사는 게 아니라 그 사람을 상당히 나쁜 상황에 몰아넣는 것이라 했다. 잘못하고도 발각되지 않으면 계속 나쁜 짓을 할 테니 사람이 더 사악하게 되지 않겠냔다. 더욱이 젊어서는 들키지 않더라도, 삶의 경주가 끝나는 지점에 이르러서는 마침내 붙들려 웃음거리가 되고, 늙어서는 비참하게 되어 모욕적인 대접을 받으리라 했다.

정의로운 사람은 다르단다. 나이 들어 관직을 원하면 통치도 하고, 좋은 가문과 혼인하며, 원하는 가문에 자녀를 결혼시키게 된다. 눈길을 끄는 대목은 정의로운 사람이 살아 있는 동안 받는 보상보다 죽었을 때 받는 것이 더 크다고 주장하는 부분이다. 소크라테스는 영혼 불멸을 설파하면서 '에르 신화'를 이야기한다. 에르는 사후 세계를 직접 경험하고 환생해 저승의 실상을 낱낱이 까발렸다. 에르의 증언에 따르면, 죽은 자의 영혼은 천 년 동안 저승에서 보내는데, 그곳에서는 그야말로 인과응보가 실현된다. 정의로운 사람은 하늘 쪽으로 올라가 아주 잘 지내면서 아름다운 것을 구경하나, 정의롭지 못한 사람은 지하 세계로 내려가 자신이 저지른 잘못의 열 배에 이르는 고통을 받는다. 이 기간이 끝나면 영혼은 제비뽑기로 자신의 삶을 선택해 환생하는데, 대부분의 영혼은 전생의 습관에 따라 삶의 표본을 선택하더란다. 한마디로 하면, 정의롭지 못한 자는 고통의 무간지옥을 벗어나지 못한다.

토머스 모어는 『유토피아』에서 유토피아야말로 세상에서 가장 훌륭한 나라인 데다 유일한 나라라고 하면서, 이 나라는 개인의 이익을 위한 일은 없고, 모든 사람이 공공의 이익을 열심히 추구한다고 했다. 『국부론』에서 '보이지 않는 손'으로 이익의 가치를 옹호했던 애덤 스미스는 『도덕감정론』에서 인간이 아무리 이기적이라고 하더라도 그 천성에는 이와 다른 원칙이 있다고 지적했다. 바로 이 원칙 덕에 인간은 타인의 운명에 관심을 기울이고 타인의 행복을 필요로 하는데, 그 천성이 바로 연민과 동정이라 했다. 애덤 스미스도 차가운 시장의 손만 아니라 이웃의 아픔을 보듬어주는 따뜻한 손의 필요성을 강조했던 셈이다. 오훗, 그렇다면 철학이란 무엇인지 새롭게 정의할 수 있겠다. 권력자, 가진 자, 강한 자의 이익을 참된 가치라 호도하는 당대의 상식에 맞서 더불어 사는 공동체를 이룰 대안적 가치를 말해주는 언설言說이라고 말이다.

이익에서 인의로

맹자는 승자독식, 무한경쟁을 부추기는 이익의 가치관을 인의로 바꿔야 한다고 외쳤다. 서로 이익을 다투다 보니 자식은 부모를 버리고, 신하는 임금을 죽였다. 이익에서 인의로 전환할 적에 비로소 더불어 사는 공동체 사회가 이루어지리라 믿었다. 이 뜻은 후대 사람들에게 제대로 전달되었다. 사마천은 『맹자』를 읽다가 양혜왕이 "어떻게 하면 내 나라를 이롭게 하겠습니까?" 하는 물음에 이르러서는 책을 덮고 탄식했단다. 이利는 진실로 난亂의 시초인 탓이어서다.「사기」「맹자순경열전」 정이천은 다만 이利를 마음으로 삼으면 해害가 있으니, 맹지기 인의를 말씀하신 것은 난의 뿌리를 뽑고 폐단을 바로잡기 위해서였다고 말했다.「맹자집주」

대혼란의 시대를 끝장내고 평화의 시대를 도래케 하려면 권력자는 인의의 정신으로 정치를 펼쳐야 한다. 하나 현실은 권력자가 품은 무한한 욕망의 실현을 위해 전쟁이 일상이 되어 버렸다. 이익이라는 망령이 전국시대를 떠돌고 있었나니, 맹자는 이 망령에 정면으로 맞섰다. 그리고 인의의 가치를 저버린 권력자에게 준엄하게 경고했다. 인을 도적질하는 자를 적賊이라 하고, 의를 도적질하는 자는 잔殘이라 한다. 이런 잔적한 자를 일러 임금이라 하지 않고 '한 사내[一夫]'라고 했다.2:8 김

용옥은 일부를 '한 또라이 새끼'라고 옮겼다.[4]

　인의를 버리고 이익만을 추구하는 권력자는 한낱 또라이일
뿐이다.

지성사 최초의
진화 철학자

맹자가 제나라 선왕을 만났다. 제선왕齊宣王이 대뜸 물었다. 제환공과 진문공의 업적을 설명해달라고. 그 말을 뱉어냈다는 것 자체가 맹자 철학에 대한 강력한 도전이다. 두 왕이 누구던가? 춘추시대의 혼란을 틈타 패권을 장악한 인물이다. 맹자는 춘추시대 패권을 장악한 제후를 일러 성왕인 우, 탕湯, 문무의 죄인이라 평한 바 있다.12:7 인의를 바탕으로 한 왕도 정치를 펼쳐야 한다고 목 놓아 외치는 맹자에게 패도 정치의 상징을 들먹였으니, 맹자가 가만히 있을 리 없었다. 욱할 줄 알았다. 맹자, 공자와 달라 한성깔 한다. 그런데 뜻밖이었다. 설득의 대마왕답게 맹자는 다른 기법을 썼다. '뻥'을 치며 제선왕에게 답변했다. 공자의 제자는 환공과 문공의 업적을 두고 이러쿵저러쿵 하지 않아 전해진 말이 없어 자신은 모른다고 했다. 사실무 근이다. 공자는『논어』에서 특히 환공과 그의 책사 관중을 평 가한 말을 여러 번 했다. 패도 정치는 아예 말하지 않겠다는 단호한 의지 표명을 맹자가 부드럽게 돌려서 한 셈이다.

맹자, 슬쩍 말길을 돌린다. 왕도 정치라면 자신이 할 말이 수 두룩하다고. 제선왕도 보통내기가 아니다. 이미 그 말뜻이 무 엇인지 알아차렸다. 강력한 패도를 펼쳐도 천하를 휘어잡지 못하는 마당에 덕의 정치로 어떻게 제왕이 되겠냐고 물었다. 물러설 맹자가 아니다. 백성을 지키고[保民 보민] 왕도를 펼치면 충 분하다고 하니, 제선왕이 나 같은 사람도 가능하냐고 되물었 다. 이때 맹자 속으로 '앗싸' 하고 쾌재를 불렀을 터다. 미끼를 물었으니, 이제 왕도 정치에 관해 일장 연설을 하면 된다. 맹 자가 가능하다고 하니, 제선왕이 어떤 이유로 가능하냐고 치 고 들어왔다. 이에 대한 대답이 이어지는데, 그 유명한 '차마 어쩌지 못하는 사람의 마음[不忍人之心 불인인지심: 忍에는 '참다', '용서하다'의 뜻이 있지만 '잔인하다', '동정심 없다'의 뜻도 있다. 不忍을 '차마 ~하지 못 한다'고 푸는 이유다. 개인적으로는 불인인지심을 '차마 못 본 척하지 못하는 마음'으로 풀이해야 더 뜻이 명확해진다고 생각한다]에 얽힌 이야기가 나온다.

맹자, 제선왕을 가까이에서 모시던 호흘胡齕에게 귀동냥한 이야기를 꺼낸다. 어느 날 왕이 마루에 앉아 있다가 소 한 마리가 끌려가는 장면을 보게 되었다. 흔종釁鍾이라고, 종을 만들고 나서 갈라진 틈을 메우기 위해 소를 죽여 그 피를 바르는 의례에 쓸 요량이었다. 소가 얼마나 영물이던가. 죽음을 알아채고 구슬피 울면서 온몸을 뒤틀며 뒷걸음질했으리라. 선왕이 그 장면을 보고 "풀어주라. 소가 부들부들 떨며 죄 없이 죽을 데 끌려가는 꼴을 차마 보지 못하겠노라[吾不忍其轂觫]" 말했다. 담당관이 "흔종의 예를 없앨까요?" 하고 묻자, 왕은 "그 예를 없앨 수는 없으니 소 대신 양으로 바꾸라"고 대꾸했다.

이 이야기는 구중궁궐의 담장을 넘어 민간에도 널리 퍼진 모양이다. 제선왕 시절은 7개국 가운데 제나라가 가장 막강한 때였다. 누구나 다 제나라가 당대의 혼란을 끝장내고 통일을 이룰 것이라 짐작했다. 그런데 왕이 흔종의 예에 필요한 소를 물리치고 양으로 대신했다니, 인색하기 짝이 없다고 여겼던 모양이다. 요즘 말로 치면 국격 떨어졌다고 투덜댄 셈이다. 맹자가 왕의 마음을 읽고 격려하며 위로했다. 백성이 이러쿵저러쿵 입방아 찧으며 왕을 비난하지만, 나는 당신이 '차마 어쩌지 못하는 마음' 때문에 소를 양으로 바꾸었으리라 믿는다고 했다. 그러자 백성의 조롱에 마음 상했던 제선왕이 신나서 말했다. "내가 어찌 소 한 마리를 아까워했겠는가. 그저 소가 죄 없이 사지로 끌려가며 부들부들 떠는 꼴을 차마 볼 수 없어서 양으로 바꿨을 뿐"이라고 해명했다.1:7

공감 능력은 본능이다

이 일화가 제선왕이 직접 겪은 일을 소재로 삼아 차마 어쩌지 못하는 마음을 설명했다면, 사고실험으로 이 마음을 설명한 대목이 있다. 맹자, 무릇 사람이라면 누구나 '차마 어쩌지 못하는 마음'을 품게 마련이라면서, 가상의 상황을 들어 설명해보겠노라 했다. 만약 누구의 자식인지 모르는 젖먹이가 우물로 기어들어가는 장면[孺子入井]을 우연히 보았다면, 어떻게 할 것인가? 말해 무엇하랴, 누구나 깜짝 놀라고 측은한 마음이 들어 무조건 젖먹이부터 구하려 들 것이 뻔하다.3:6 맹자는 이 사고실험을 통해 철학사에 길이 남을 엄청난 말을 했다. 누군가의 고통을 모른 척하지 않는 마음을 사람이라면 누구나 다 품고 있다고 하였으니, 성선론性善論을 주창한 것이다.

오늘의 진화학자는 남의 고통을 차마 모른 척할 수 없는 마음을 '공감 능력'이라 본다. 이 주제를 깊이 있게 연구한 진화학자가 프란스 드 발과 장대익이다. 프란스 드 발은 『공감의 시대』에서 공감 능력이 본능이라는 점을 입증하려고 방대한 사례를 들었다. 그 가운데 대표적인 것이 붉은털원숭이 실험이다. 붉은털원숭이를 대상으로 먹이가 나오는 줄을 당기면 동료에게 충격이 가해지는 실험을 했는데, 원숭이들은 동료의 고통을 보고서는 줄 당기길 거부했다. 심지어 12일 동안 반응을 멈춘 원숭이도 있었는데, 다른 녀석에게 고통을 주지 않으려고 굶기를 택한 것이었다. 이는 나와 타자의 경계를 지우고 공감하는 능력이 본능임을 보여준다.

독일 철학자 테오도어 립스는 공감이 인류가 선천적으로 갖고 태어나는 본능이라고 일찌감치 정의했는데, 현재는 인간 종보다 더 이전에 진화한 것으로 보고 있단다. 이 공감 능력은 아마도 부모의 자식 돌보기에서 비롯했을 것으로 짐작된다. 포유류가 진화해온 2억 년 동안 자손에게 민감한 암컷이 냉담하고 무관심한 암컷보다 더 많이 번식했을 터다. 새끼의 추위, 배고픔, 위험에 반응하지 못한 암컷은 유전자를 퍼트리지 못했다. 암컷의 민감도가 상당히 중요한 선택압이었다는 뜻이다. 공감은 거의 조절할 수 없는 자동적인 반응으로, 자동성은 그 속도와 잠재의식적인 특성을 드러낸다는 면에서 공감이 본능임을 다시 입증한다.

장대익은『공감의 반경』에서 같은 문제를 다루었다. 공감을 "상상력을 발휘해 다른 사람의 처지에서 보고 다른 사람의 느낌과 시각을 이해하며 그렇게 이해한 내용을 활용해 행동 지침으로 삼는 기술"이라 정의했고, 이 공감을 정서적 공감과 인지적 공감으로 나누었다. 정서적 공감은 감정이입을 뜻하는데, 타인의 감정을 함께 느끼는 상태를 말한다. 장대익은 감정의 전염에 따른 정서적 공감은 작은 규모의 내집단ingroup에서 작동하는 제한된 감정으로, '부족 본능'이라 이름 붙였다.

장대익도 원숭이 실험을 사례로 든다. 이탈리아 파르마대학교의 신경과학 연구팀은 연구자가 아이스크림을 손에 쥐고 들어오는 모습을 본 원숭이의 뇌에서 무언가를 쥘 때 활성화하는 뇌의 F5 영역(복측 전운동피질)이 갑자기 활성화했다는 사실을 발견했다. 운동과 시각이 깊이 연동된 것임을 밝힌 셈인데, 이를 '거울뉴런'이라 한다. 장대익은 정서적 공감과 연관된 가장 중요한 신경기제가 거울뉴런인데, 모방과 공감을 위한 핵심 영역이라고 보았다. 이 거울뉴런은 남의 처지를 생각하기도 전에 뇌에서 자동적으로 작동하는 공감 회로로, 무조건적이고 자연발생적인 것이 특징이다. 프란스 드 발의 원숭이 실험에서도 다른 원숭이가 물건을 만지는 걸 바라보는 원숭이의 거울뉴런이 활성화된 것을 확인할 수 있었다.

놀랍지 않은가? 제선왕이 무서워 벌벌 떠는 소를 보고 안타까운 마음이 들어 양으로 바꾼 일이나, 만약 어린아이가 아무것도 모르고 우물로 기어들어갈 적에 무조건 즉각 끌어안아 올릴 것이라는 사고실험은 오늘의 진화학자가 말한 정서적 공감과 같고, 그것이 인간의 본성이라고 주장한 점에서도 일치한다. 그러니 『맹자』를 케케묵은 2300년 전의 헛소리나 책상물림의 한가한 소리라고 깎아내리지 말라. 맹자는 죽임의 시대를 끝내고 살림의 시대로 대전환하려면 본성으로 타고난 공감의 능력을 발휘해야 한다는 점을 발견하고 이를 널리 알리려 온 힘을 다한, 인류 지성사 최초의 진화 철학자였다.

확충의 길

맹자의 고민은 여기서 끝나지 않는다. 제선왕이 소를 살려 준 조치를 사랑의 기술[仁術]이라 추켜세우고 나서 허를 찌르는 발언을 한다. 연민하는 마음이 짐승한테는 미쳤는데, 왜 백성에게는 이르지 않느냐고 지적한 것이다. 이는 다른 대목에서도 되풀이해서 던지는 도전적인 질문이다. 선왕先王은 사람이면 누구나 품고 있는 차마 어쩌지 못하는 마음으로 차마 어쩌지 못하는 인정仁政을 했다3:6면서, 선한 본성에 바탕한 다양한 정책이 현실 정치에 실현되어야 마땅하다는 점을 강조했다. 맹자는 불인인지심의 확충擴充이라는 새로운 문제를 제기했으니, 마음을 확충하면 세상을 충분히 안정시킬 수 있지만, 그러지 못하면 부모님조차 섬기지 못할 것3:6이라 했다. 주자는 확擴은 미루어 넓힌다는 뜻이요, 충充은 가득함이라 풀이했다. 사람이라면 누구나 타고난, 남의 고통을 모른 척하지 못하는 마음을 미루어 넓혀나가 그 마음이 세상을 가득 채워야 한다는 것이다.『맹자집주』(다른 곳에서는 달達이라 표현하기도 했다.14:31)

맹자는 확충의 길을 알기 쉽게 설명했다. 인자仁者는 사랑하는 마음을 미루어 사랑하지 않는 데까지 미쳐야 한다며,14:1 자기 집 노인을 섬기는 것으로써 남의 집 노인에게 미치고, 자기 아이를 아끼는 것으로써 이웃집 아이에게까지1:7 그 마음이 미쳐야 한다고 했다. 그러면서 『시경』에서 "내 아내에게 모범이 되어 형제에게 미치고, 집안과 나라를 다스린다"는 구절을 인용한다. 연민의 마음은 나와 가장 가까운 가족에 우선 영향을 끼치지만 그 울타리를 넘어 세상으로 확산되어야 마땅하다는 설명이다. 확충은 『논어』에서도 확인된다. 자로가 공자에게 군자의 정체성에 관해 물으니, 경으로 자신을 닦는 것[修己以敬]이라 답변했다. 다음 단계를 물으니, 자신을 닦아 남을 편안하게 하는 것[安人]이라 했고, 한 차원 더 높은 단계를 물으니 자신을 닦아 백성을 편안하게 하는 것[安百姓]이라 했다.논어 14:45 자신을 닦은 다음 집안을 고르게 하고, 그다음에 나라를 다스리고 끝내 천하를 평화롭게 해야 한다는 『대학』의 구절과도 그 뜻이 같다.

기실 이 문제는 중요하다. 만약 맹자가 말하는 불인인지심이 제가齊家의 영역에 머문다면, 이는 이기적 가족주의, 문중門中 중심이라는 악폐가 되고 만다. 장대익식으로 표현하면 부족 본능의 덫에 걸리고 만다. 공자와 맹자가 발견한 천하를 태평하게 할 논리가 오히려 내가 소속되지 않은 다른 집단을 억압하고 혐오하고 차별하는 논리가 될 수 있다는 말이다. 묵자가 공자를 맹비난한 것도 이미 이를 예감했기 때문이라고 볼 수 있다. "공자 선생, 당신이 말한 인의 철학은 절대 가족의 울타리를 벗어나지 못할 것이오. 인의 철학은 효제를 뿌리로 삼지 않소? 물론 당신이 가족의 문턱을 넘어 국가와 천하로 퍼져나가야 한다고 말한 것은 맞소. 하지만 보시오, 당신의 본뜻과 상관없이 사람들은 가족주의나 문중 의식에 사로잡혀 있잖소. 겸애만이 답이요"라고 외쳤다고 보아도 된다. 그래서 확충은 공맹 철학의 승부처다. 확충해야 인의가 넘치는 세상이 될 것이요, 확충에 실패하면 이익이 뿌리내린 세상이 된다. 이 점을 주의 깊게 본 이가 일본의 유학사 이토 진사이伊藤仁齋다. 그는 후세의 유자儒者들이 본성이 귀한 줄만 알았지 확충 공부가 더 큰 줄은 몰랐다면서, 이는 맹자의 뜻을 제대로 알지 못한 탓이라 했다.[1]

장대익은 정서적 공감에서 인지적 공감으로 공감의 반경을 확대해야 한다고 주장했다. 인지적 공감은 타인의 관점을 이해하는 것으로 역지사지하는 능력을 가리킨다. 정서적 공감은 내집단을 선호하는 현상으로 나타나는데, 이는 외집단 폄훼를 동반한다. 내부자는 서로 도움이 되는 협력 파트너이지만, 외부자는 경쟁자이거나 침략자였을 가능성이 크기 때문이다. 장대익의 연구에서 이 사실은 매우 중요하다. 공감은 일종의 마일리지 같아서, 만약 내집단에 많이 투여되었다면 그만큼 외집단에 쓰일 공감이 없다. 맹자식으로 말하면 공감 능력을 확충하지 않으면 더불어 사는 세상[與民]의 실현은 불가능하다. 장대익은 인지적 공감은 즉각적이거나 자동적이지 않아 의식적으로 노력해야 한다는 점을 강조했다. 내 피붙이에 대한 연민의 마음을 확충하여 다른 사람의 고통을 이해하는 데 이르는 과정을 공자는 능근취비라 했고, 주자는 추기급인이라 했다. 맹자가 말한 확충이나, 장대익이 말한 인지적 공감도 뜻이 같다.

　세계문학사에 확충을 감동적으로 묘사한 작품이 있으니 바로 호메로스의 『일리아스』다. 이 작품의 주제는 아킬레우스의 분노다. 첫 번째 분노는 아가멤논이 아킬레우스의 전리품인 여성을 빼앗는 바람에 터져 나온다. 두 번째는 헥토르에 대한 분노다. 아킬레우스는 자신이 참전하지 않는 대신 전투에 내보낸 절친 파트로클로스를 헥토르가 죽이자 이에 분노하였다. 마침내 그는 헥토르를 죽였다. 그럼에도 그의 분노는 좀처럼 사그라지지 않아 헥토르의 시신을 마차 뒤에 매달고 열이틀 동안 트로이아의 성벽을 돌았다. 이 장면을 본 헥토르의 아버지 프리아모스의 심정은 어떠했겠는가. 시인은 아비가 분뇨 더미 이곳저곳을 뒹굴었다는 시구로 그 가슴 아픈 심정을 전했다.

이를 안타깝게 여긴 제우스의 도움을 받아 프리아모스는 아킬레우스를 만나게 되고, 아들의 시신을 돌려달라고 간청한다. 이때 프리아모스는 아킬레우스에게 부디 그대의 아버지를 떠올려달라고 한다. 서글픈 늘그막의 문턱에 서 있는 그분, 대신에 그대가 살아 있어 기뻐하며 이 전쟁이 끝나고 되돌아올 당신을 보려고 매일 기대하고 있는 그분을 생각해보란다. 그러나 자신은 이 전쟁을 통해 숱한 아들을 잃었고, 그중 제일가는 아들, 바로 헥토르를 당신이 죽였다. 자신이 지금 그리스인의 배까지 온 것은 그 애 때문이다. 몸값은 헤아릴 수 없이 가져왔으니, 부디 그대의 아버지를 떠올려 자신을 가엾게 여겨달라고 울며 호소한다.

그러자 아킬레우스는 고향에서 아들의 귀환만을 바라는 아버지와 전쟁에서 죽은 친우 파트로클로스를 떠올리며 통곡했다. 그리고 일대 반전이 일어난다. 분노의 화염에 싸여 있던 아킬레우스는 프리아모스를 일으켜 세우며 위로의 말을 건넨다. 자신의 아버지는 외아들밖에 없건만, 그 자식은 요절할 운명이다. 신은 이미 자신이 이번 전쟁에서 죽을 거라 예언했다. 아킬레우스는 전쟁터에 있다 보니 늙어만 가는 분을 보살펴드리지도 못한다고 넋두리를 늘어놓는다. 죽을 아들이 다시 못 볼 아비를 그리워하며 애통해 하는 마음은 아들을 잃은 아비의 비통한 마음을 이해하게 된다. 그러면서 헥토르의 시신을 되돌려주고 장례를 치르는 동안 휴전하겠다고 약속한다.

정말 놀라운 대목이다. 내 아비가 겪는 고통과 나에게 주어진 운명을 미루어 철천지원수에 대한 연민의 마음이 떠오르고, 마침내 원수의 아비가 겪는 고통을 줄여주려는 행동으로 이어졌다. 분노는 확충의 과정을 거쳐 연민으로 바뀌었고, 그리하여 분노와 복수의 화신은 관용과 화해의 상징이 되었다.

차등애냐 겸애냐

프란스 드 발은 공감의 기초적인 전제조건은 '일치화'라고 말했다. 그런데 타자와 일치화하는 데 문화적 배경·민족·나이·성별·직업 등이 비슷하면 쉽고, 배우자·자식·친구라면 더욱 쉽지만, 다른 집단에 속한 경우에는 쉽지 않다고 분석했다. 이 점은 맹자도 같은 생각이다. 맹자는 사랑에는 차등이 있다고 했는데,5:5 공감과 사랑의 농도는 동심원적 확산을 한다고 보았다. 맹자는 구체적으로 친족간의 사랑[親親]이 다른 사람을 사랑하는 것[仁民]보다 짙고, 다른 사람을 사랑하는 것은 동식물을 아끼는 것[愛物]보다 짙다고 말했다.13:45

차등애差等愛는 묵자와 벌인 사상투쟁에서 매우 중요하다. 맹자는 두루 같은 농도로 차별 없이 사랑하는 묵자의 겸애를 맹렬하게 비판했다. 묵자의 겸애는 아비가 없는 것이라 하면서, 사람이 아비가 없고 임금이 없으면 짐승이 된다6:9며 맹공을 펼쳤다. 또한 묵자는 겸애를 주장해 정수리를 갈아 발꿈치에 이르더라도 천하를 이롭게 할 수 있다면 행한다13:26고 몰아붙였다. 맹자의 겸애 비판은 첫째는 겸애가 이익의 논리라는 점 때문이다. 두 번째는 천륜과 인륜의 문제와 관련 있다. 공맹은 부모와 자식은 천륜天倫이라 하여 절대 끊을 수 없는 관계로 삼았다. 부부, 붕우, 군신 관계는 인륜人倫이어서 그 관계를 끊을 수 있다(놀랍게도 당나라 때까지만 해도 이혼의 자유가 있었다고 한다). 만약 묵자처럼 겸애를 내세우면 임금과 신하는 관계를 끊을 수 없다. 내 아버지와 남의 아버지를 같이 사랑해야 한다면, 남의 아버지로서 사회적 최정점에 있는 임금을 무조건 섬겨야 한다(『묵자』「상동」을 보면 묵자가 전제주의적 정치체제를 지향했다는 것을 알 수 있다). 맹자는 임금이 의롭지 못하면 신하는 그 관계를 끊을 수 있는 것으로 보았다. 그런데 겸애가 되면 그 관계를 끊지 못한다. 역성혁명易姓革命이나 반정反正의 철학적 기반이 무너지게 된다. 맹자가 겸애를 목표로 삼아 파상 공세를 펼친 이유를 짐작할 만하다.

프란스 드 발은 『공감의 시대』에서 인상 깊은 구절을 남겼다. "이데올로기는 지나가지만, 인간의 본성은 존속한다." 이 말에 따르면, 그동안 경쟁적·폭력적·이기적 존재로 인간의 본성을 규정한 것은 신자유주의의 이데올로기였다. 지금 우리는 이익만 좇다 파산 지경에 이른 신자유주의의 말기적 증상을 목도하고 있다. 최초의 진화 철학자인 맹자의 말대로 인간의 본성에 남의 고통을 차마 못 본 척하지 못하는 공감 능력이 있다는 것을 받아들인다면, 우리는 분명히 새로운 세상을 꿈꿀 수 있을 터다.

인간이 짐승과

다를 수 있는

네 가지 실마리

맹자, 우물로 기어들이가는 젖먹이를 보면 누구나 놀라고 안타까운 마음이 들 거라면서 매우 중요한 말을 했다. 순간적으로 아이를 구하려고 덤벼들 적에는 그 사람이 아이를 구해준 대가로 젖먹이 부모와 사귀려고 해서도 아니고, 선행을 널리 알려 마을 사람의 칭찬을 바라서도 아니고, 구하지 못했다고 원망을 사기 싫어서도 아니라고 설명한다.3:6 불인인지심은 본성이라 복잡하게 이해타산을 따지고 나서 행동하는 것이 아니라 본능적으로, 무의식적으로, 즉각적으로 행동하는 것이라는 말이다.

불인인지심이 본성임을 강조한 맹자는, 그 마음의 세부 항목을 펼쳐놓는다. 널리 알려진 사단四端(단은 흔히 '실마리'라 푸는

데, 일부 주석가는 '뿌리'로 보기도 한다)을 말하는데, 인의 실마리로서 측은지심惻隱之心, 의의 실마리로서 수오지심羞惡之心, 예의 실마리로서 사양지심辭讓之心, 지의 실마리로서 시비지심是非之心이다. 맹자는 이 마음이 없으면 사람이 아니라고 명토 박았다.3:6 사람과 짐승은 그 차이가 극히 적다[幾希]. 이모저모 살펴보아도 인간과 짐승의 차이가 별로 보이지 않는데, 만약 이 네 가지 마음이 있으면 사람이요, 없다면 한낱 짐승과 다를 바 없다는 뜻이다.8:19

반드시 짚고 넘어갈 게 있다. 본성에 해당하는 네 가지 마음은 아직 실마리일 뿐, 그 자체가 인의예지라는 덕목의 실현은 아니라는 점이다. 불인인지심은 본성이요, 그 본성을 실현할 적에 비로소 인간다운 인간의 자리에 이르게 된다. 그러니 네 가지 실마리는 인성人性의 씨앗일 뿐이다. 동양철학자 이혜경은 사단을 인의예지라는 덕을 발생시킬 '가능태'라 했다.[1] 이 씨앗을 싹틔워 자라게 하고 꽃피우고 열매 맺게 하는 과정이 우리에게 삶의 과제로 주어진 셈이다. 이를 배병삼은 "인성의 실마리를 발견하고, 발굴하며, 발현하는" 일이라 했다.[2]

맹자는 이 문제를 존심양성存心養性으로 풀어내려 했다. 맹자가 보기에 가장 중요한 것은 이 마음을 지키는 것이다. 대인大人이란 실로 갓난아기 마음[赤子之心]을 잃어버리지 않는 사람이다.8:12 갓난아기의 마음이란 타고난 본성을 뜻하니, 그 마음을 지켜야 한다는 말이다. 군자가 범인凡人과 다른 것은 마음을 보존하는 데 있다.8:28 여기서 말한 마음이 사단임은 두말할 나위가 없다. 한데, 만약 그 마음을 잃을 수도 있지 않을까? 맹자는 이를 방심放心이라 했다. 인은 사람다운 마음이고, 의는 사람다운 길인데, 그 바른길을 저버리고 가지 않고, 그 마음을 잃고 되찾을 줄 모르니 슬프다.11:11 맹자는 존심과 방심을 사람들이 알아먹게 예화를 들어 설명했다.

우산牛山이란 곳이 있으니, 그 숲이 매우 우거지고 아름다웠다. 공교롭게도 큰 마을 끝자락에 있는지라 사람들이 나무를 하러 와서 자꾸 베어갔다. 거기다 소와 양 떼가 올라와 싹과 움을 뜯어먹어댔다. 결국 어찌 되었겠는가? 민둥산이 되고 말았다. 지금 풍경만 보면 본디 아름드리나무나 어여쁜 꽃이 없었으리라 짐작하겠지만, 사실은 숲이 우거졌던 곳 아니던가. 이렇듯 인의의 마음을 품지 않은 사람은 없다. 본성이라 하지 않았는가. 그런데 나무 베어내듯 본디 타고난 선한 마음, 즉 양심良心을 내버리는 짓을 하면 어찌 그 마음을 지킬 수 있겠는가.11:8

숲이 우거진 우산은 본성을 말하고 베어내고 뜯어먹어 민둥산이 된 것은 방심을 가리킨다. 어느 생명이든 잘 길러주면 잘 자라는 법이고, 기르지 못하면 죽어버리는 법이다. 공자 말씀에, 잡으면 있고 놓으면 잃어버리는 것이 사람의 마음11:8이라

하였잖은가! 존심해야거늘, 방심했다면 어떻게 해야 할까? 그 마음을 되찾으면 되니 이를 구방심求放心이라 했다. 맹자가 한탄했다. "사람들이 닭과 개는 잃어버리면 서둘러 찾아나서면서 잃어버린 마음을 찾으려 나서지는 않는구나!" 그리고 한마디 덧붙였다. "학문의 길이란 오로지 잃어버린 마음 찾기일 뿐이다." 11:11

양성은 본성을 기른다는 뜻이다. 선한 자기 본성을 깨닫고 그 본성이 변하지 않도록 몸과 정신을 닦으라는 것이요, 마침내 이를 확충해야 한다는 말이다. 동양철학자 신정근은 본성과 맺은 관계를 전제하고, 늘릴 것은 늘리고 줄일 것은 줄이는 것을 수양이라 했다. 본성대로 살기 위해 본성에 걸맞은 삶의 강도와 지속성은 더 키우며, 거꾸로 본성에 맞지 않는 삶의 강도와 지속성은 줄이는 것을 말한다. 신정근은 맹자가 말한 '조심操心'과 '야기夜氣'를 강조했다. 조심은 마음을 꽉 잡는다는 뜻이니, 방심의 반대말이요 존심과 같은 말이다. 야기는 새벽녘에 깨어나는 양심이라 보면 된다. 이 야기를 잘 보존하면 실수와 후회 없이 합당하게 살 수 있다.[3] "마음 기르기[養心]에는 욕심 줄이기[寡慾]보다 좋은 방법이 없다" 14:35는 말도 양성의 한 방법으로 귀담아들을 만하다.

존심양성이 나온 구절을 보면 『중용』과 매우 비슷하다는 점을 알 수 있다. 자기 마음을 다하면[盡心] 사람의 본성을 깨닫는다[知性]. 사람의 본성을 깨달으면 하늘을 발견하게 된다 [知天]. 자기 마음을 보존하고[存心] 사람의 본성을 기르는 것이[養性] 하늘을 섬기는 일이다[事天].13:1 하늘이 명령한 것을 본성이라 하고, 본성에 따르는 것을 도라고 하고, 도를 체득하는 것이 교육[天命之謂性 率性之謂道 修道之謂敎]이라는 게 『중용』의 첫 구절이다. 일반적으로 알려진 바와 달리 『중용』이 『맹자』이후에 성립되었다는 주장이 가능한 대목이다. 동학의 인내천人乃天도 『맹자』의 이 구절에서 비롯했다고 볼 수도 있겠다. 신정근은 유학은 자연신과 유일신을 섬기지 않으므로 하늘을 섬긴다는 말은 종교의례를 뜻하는 것이 아니라, 인의 예지를 확충하는 도덕의 생활화를 가리킨다고 새겼다.[4]

지켜야 할 네 가지 마음

맹자가 말한 네 가지 마음을 찬찬히 짚어보자. 먼저 측은지심. 주자는 측惻은 간절하게 서글퍼함이고, 은隱은 깊이 아파함이라 하며, 측은지심을 '사람을 차마 해치지 못하는 마음'이라 풀이했다.『맹자집주』측은지심은 불인인지심을 풀이하면서 길게 설명했으므로 그것으로 대신한다. 다음은 수오지심. 주자는 수羞는 자신의 불선不善을 부끄러워하는 것이고, 오惡는 남

의 불선을 미워하는 것이라 풀이했다.「맹자집주」 개인적으로 수는
반구저기反求諸己를, 오는 마땅한 도리가 현실에서 실현되도록
이끄는 용기를 뜻한다고 본다.

옛사람은 일이 잘못되면 먼저 자신부터 되돌아보아야 한다
고 했다. 이를 맹자는 반구저기라 했는데, 어떤 일이 잘못되었
을 적에 남 탓하지 않고 잘못된 원인을 자신에게서 찾아 고쳐
나간다는 뜻이다. 맹자는 활 쏘는 일에 빗대어 설명했다. 궁
사는 쏜 살이 과녁에 적중하지 못하면 이긴 사람을 원망하지
않고 자신에게 돌이켜 잘못을 찾는 법이다.3:7 『중용』에도 비
슷한 말이 나온다. "궁사에게는 군자와 비슷한 점이 있다. 과
녁의 정곡을 맞추지 못하면, 돌이켜 자신에게서 그 탓을 찾는
다."「중용」 14장

도리를 합당하게 행하는데도 상대방한테서 긍정적인 반
응이 없으면 언제나 돌이켜 자신에게서 그 원인을 찾아야 한
다.7:4 애썼다고, 다했으니 만족할 만하다고 여기면 안 된다. 더
안 해서 그런 일이 일어났다고 보아야 마땅하다. 군자는 자신
에게서 잘못을 찾고 소인은 남에게서 잘못을 찾고논어 15:20, 자
신을 몹시 꾸짖고 남 탓하기는 가볍게 하면 원망을 멀리할 수
있는 법이다.논어 15:14

맹자가 말한 반구저기를 공자는 내자성內自省이라 달리 표
현했는데,논어 4:17 안으로 자신을 살핀다는 뜻이다. 그런데 공자

는 여기서 한 발짝 더 나아가 내자송內自訟이란 말논어 5:26도 했다. 이는 속으로 자신을 심판하는 사람이란 뜻이다. 현대적으로 풀면 도덕의 법정에 자신을 고발해 재판한다는 뜻이 된다. 나 자신을 반성한다는 게 어느 지경에 이르러야 하는지 잘 보여준다. 그렇다면, 이런 질문을 던져볼 만하다. 옛사람은 왜 이토록 치열하게 자신을 성찰했을까? 당연히 잘못을 고치고 다시는 그 잘못을 저지르지 않기 위해서다. 남 탓하고 시절 탓하고 세상 탓하면 잘못이나 실수한 바를 알아채지 못할 공산이 크다. 그러나 나부터 되돌아보면, 문제가 어디에서 비롯하는지 알게 되어 비슷한 상황에 놓였을 때 실수를 되풀이할 리 없다. 그러니 나를 반성한다는 깃은 허물을 두 번 저지르지 않기

[不貳過] 위해서다.논어 6:2

군자의 허물은 마치 일식이나 월식 같아서 누구나 다 보게 된다.논어 19:21 잘못하고도 시치미를 떼고 내가 안 한 척해보아야 소용없다. 세상 사람은 이미 다 알고 있다. 감추면 외려 더 부끄러워진다. 이와 비슷한 말을 맹자도 했다. 옛날 군자는 잘못을 저지르면 곧바로 고쳤는데, 요즘 군자는 잘못을 저지르고도 고칠 줄을 모른다. 옛날 군자는 자신이 저지른 허물을 일식이나 월식처럼 만백성이 지켜본다고 여기고, 잘못을 고치면 만백성이 우러러본다고 여겼다. 그런데 요즘 군자는 잘못을 고치기는커녕 변명할 뿐이다.4:9 허물인 줄 알면서도 고치

지 않는 것이 진짜 허물논어 15:29이니, 허물이라면 고치기를 꺼리지 말아야 한다[過則勿憚改].논어 1:8

누구나 잘못을 한다. 중요한 것은 그것을 인정하느냐 아니냐 하는 거다. 만약 내 잘못이라고 판단했다면, 다시는 그 잘못을 저지르지 않아야 한다. 그리고 그 잘못을 고쳤다면, 옛 허물을 탓하면 안 된다. 누구든 행실을 깨끗이 하여 나아가면 받아들이고, 지나간 일은 개의치 말아야 한다.논어 7:28 천하 미인 서자도 오물을 덮어쓰면 사람들이 모두 코를 막고 지나가지만, 설사 악인이라도 재계齋戒하면 하늘 제사도 지낼 수 있다.8:25 과거의 잘못을 깊이 반성하고 고쳤다면 더는 문제 삼지 말아야 하고, 그 사람에게 주어진 새로운 가능성을 믿어 의심치 않아야 한다는 뜻이다. 개과천선改過遷善이라, 지난날의 잘못이나 허물을 고치면 올바르고 착하게 살 수 있는 법이다.

수가 자신에 대한 철저한 도덕적 성찰이라면, 바로 이런 과정을 거쳐 회복한 도덕성을 바탕으로 사회적 불의에 저항하는 마음이 오다. 배병삼은 오를 부정한 사회에 대한 증오심이라 풀이했다. 수치심이 개인의 덕성이라면 증오심은 사회적 덕목인지라 "부끄러움을 느껴 수치심이 차오르면 공분公憤 능력, 즉 증오심으로 표출된다"고 설명했다.[5] 공자도 같은 관점이다. 인자仁者만이 사람을 제대로 좋아할 수도, 미워할 수도 있고,논어 4:3 불인不仁을 미워하는 것도 역시 인을 실천하는 것논어 4:6이다. 은혜로 원한을 갚는 것[以德報怨]을 어떻게 생각하느냐는 질문에는 정직함으로써 원한을 갚고[以直報怨], 은혜로써 은혜를 갚아야 한다[以德報德]논어 14:36고 했다. 공자야말로 자기 성찰과 잘못을 다시 범하지 않는 일련의 과정에서 얻은 도덕심이 사회적 불의에 대한 분노로 확충하는 것을 가장 적극적으로 옹호했다.

오의 마음이 현실에 드러나 의를 실현하려면 당연히 용기가 필요하다. 제자인 공손추公孫丑가 스승에게 누가 진정으로 용기 있는 사람인지 물었다. 맹자는 세 사람을 들어 설명했는데, 첫째 인물이 북궁유다. 그는 살갗을 찔려도 움찔하지 않고, 눈동자를 찔려도 꿈쩍하지 않고, 털끝 하나라도 남에게 꺾이면 장터에서 매를 맞듯 치욕스럽게 여겼다. 더욱이 상대가 미천한 자든 제후든 모욕을 당하면 참지 않았으니, 제후를 찔러 죽이기를 미천한 자를 찔러 죽이는 것과 똑같이 여겼다. 옳고 그르고를 가리지 않고 자기를 모욕하거나 건드리면 반드시 복수하는 사람이다. 주군의 명령을 받으면 피도 눈물도 없이 상대방을 제거하는 사무라이 같은 이라 보면 될 성싶다. 두 번째 인물은 맹시사다. 그는 이기지 못할 상대라도 이긴다고 생각했다. 적의 역량을 헤아린 다음 진격하고 승산을 따져본 다음 교전하면, 이미 상대방의 군사력에 주눅이 든 거라고 보았다. 그는 입버릇처럼 "내 어찌 꼭 이길 수 있겠는가. 다만 두려움을 없애는 데 능할 뿐"이라고 했다. 마인드컨트롤 또는 정신 승리법의 일인자라 할 법하다.

맹자가 마지막으로 든 인물은 공자의 제자인 증자다. 그는 진정한 용기는 힘으로 남을 누르는 기세가 아니라 스스로 돌이켜 보아 똑바르다면[自反而縮] 상대가 천 사람이든 만 사람이든 대적할 수 있는 법이고, 반대로 스스로 돌이켜 보아 똑바르지 못하면 상대가 미천한 사람이더라도 두려워하게 마련인 법이라 했다.3:2 도덕적으로 떳떳할 때 내 안에 가득 차오르는 그 어떤 기운이 참된 용기라는 뜻이다.

맹자는 이어서 호연지기浩然之氣를 설명했다. 호연지기는 지극히 크고 강한 기다. 일상을 올바로 살면 길러지는데, 올바름을 해치지 않으면 호연지기가 하늘과 땅 사이를 꽉 채울 수 있다. 그 기는 의와 짝하고 도리와 함께해야 하니[配義與道], 그렇지 못하면 곧 쪼그라들고 만다. 호연지기는 내 안에 의가 쌓여서[集義] 생겨나는 것이지, 따로 밖에 있는 의를 가져와 취하는 것이 아니다. 자신의 말과 행동이 제 마음에 꺼림칙하면 바로 쪼그라들고 만다.3:2

호연지기는 마음이 배의여도할 적에 발생한다는 말을 두고 중국 철학자 바이시白奚는 참고할 만한 풀이를 했다. 인을 이루고 의를 취하는 등 수양 공부를 통해 점차 도와 합치하는 최고 경지에 이르러 호연지기를 기르게 된다는 것이다.[6] 집의를 일러 주자는 적선積善과 같은 말이니, 일마다 모두 의에 합하고자 하는 바라고 했고「맹자집주」, 펑유란은 수많은 도덕적인 행위가 축적되는 집의를 통해 자연히 생겨난 것이 호연지기라 풀이했다.[7] 호연지기 같은 엄청난 용기는 어느 날 갑자기 불끈 솟구치는 것이 아니다. 일상을 늘 올바르게 살다 보면, 그런 의의 기운이 쌓여 사회적 불의를 타개하려 맨 앞자리에 선 사람이 된다. 입으로만 정의를 외치면서 일상의 삶을 올바르게 살지 못하면 아무 소용 없다. 나라와 민족을 위해, 아니 인류를 위해 큰 뜻을 품었다면, 허풍 치는 소리나 선동하는 소리 하지 말고 지금 이 순간, 이곳의 삶을 올바로 살아가라는 경종이다.

세 번째는 사양지심. 주자는 사辭는 풀어서 자기에게서 떠나가게 하는 것이요, 양讓은 밀쳐서 남에게 주는 것이라 풀이했다.「맹자집주」이혜경은 일반적으로 예는 문화적으로 통용되는 행위 방식을 뜻했는데, 맹자는 이 예도 사람에게 주어진 천성으로 보았다는 점을 주목했다. 자신을 앞세우지 않거나 상대방을 공경하는 마음이 드러나면, 예의 덕이 실현된 것인바 "예라는 유가적 규범 역시 인간의 본성과 떨어진 것이 아님을 강조"한 것이다.[8] 네 번째는 시비지심. 주자는 시是는 그 선善함을 알아서 옳게 여기는 것이요, 비非는 그 오惡함을 알아서 그르게 여기는 것이라 풀이했다.「맹자집주」이혜경은 이 마음이 정보에 바탕을 둔 판단력이 아니라 옳고 그름을 판단하는 능력으로

역시 선천적으로 주어진 것으로 보았다고 설명했다.[9]

논리력이나 추리력이 잘 벼려진 사람이라면, 맹자가 인의예지의 실마리로서 사단을 주창했는데 왜 예지는 빼고 인의만이 맹자 사상의 벼리라고 하는지 의구심을 품을 법하다. 이 의문에 답해주는 내용이 『맹자』에 나온다. 어버이를 섬길 때 인을 실감하고, 형을 따를 때 의를 실감한다. 지는 어버이를 섬기고 형을 따를 줄 알아 어긋나지 않을 때 실감하고, 예는 이 두 가지를 적실하게 표현할 때 실감한다.7:27 이혜경은, 이 구절을 정밀하게 읽어보면 지란 상황에 따라 어떤 것이 어버이를 섬기고 형에게 순종하는 일인지를 판단하는 능력이고, 예란 어버이와 형을 섬기는 덕목을 상황에 따라 어떤 형식으로 표현해야 하는지를 결정하고 행동하는 능력임을 뜻한다고 분석했다. 따라서 "인·의·예·지는 동등하게 열거되지만 실제로 그 가운데 근간이 되는 것은 인과 의"[10]라고 결론 내렸다. 김용옥도 같은 견해다. 예와 지는 인과 의의 바탕 위에서 생각하는 것으로, 인의예지 중 본질적인 것은 인과 의다. 예와 지는 인과 의에서 파생되어 나오는 것일 뿐이다.[11]

이 구절을 이어 인의를 실천하는 일이 즐거울 적에 악樂을 실감하는데, 즐거우면 덕성이 일어나고, 덕성이 일어나면 그만둘 수 없고, 그만둘 수 없으면 발은 경중거리고 손은 저절로 춤을 춘다는 내용이 나온다. 흔히 유가의 덕목이라 하면 인·

의·예·지·신信을 드는데, 맹자적 관점에서 보면 인·의·예·지·악樂이 된다. 그리고 도덕적 삶이 우리를 옭아매는 것이 아니라 오히려 해방적 기능을 한다고 주장한 점을 주목할 필요가 있다. 이를 두고 배병삼은 '대자유의 경지'라 했고,[12] 김용옥은 '도덕의 극상의 경지는 예술'[13]이라 했다. 공맹 철학에서 흔하지 않게 종교적 황홀경에 빗댈 만한 장면이 연출된지라 특기할 만하다.

과연 사람은 선한가?

사단은 성선의 바탕이다. 등나라 문공이 세자일 적에 맹자의 가르침을 받았는데, 그때 맹자는 성선을 논하고 말마다 반드시 요순堯舜을 일컬었다.[5:1] 맹자는 사람의 실정을 잘 살펴보면 누구나 선한 능력을 갖추고 있다고 확실히 말했다. 그러면서 거듭해 사단을 설명하였고, 이 마음은 바깥에서 들어와 깃든 것이 아니라 누구나 본래부터 품은 것이라 했다.[11:6] "과연 사람은 선한가?"라고 물으면 우리는 대체로 부정적인 반응을 보인다. 평소 부정적이고 냉소적인 사람이라 이런 반응을 보이는 게 아니다. 눈을 들어 세상을 살펴보면, 온통 나쁜 일뿐인 탓이다. 어떻게 인두겁을 쓰고 저런 일을 저지를 수 있을까 싶은 탄식을 내뱉게 하는 일이 자주 일어난다. 태어나기를 사람은 본디 악하다, 라고 생각하면 깊은 고민 없이 이해하게 되는 일이 많다. 그런데 저널리스트 뤼트허르 브레흐만은 『휴먼 카인드』에서 이런 통념에 반기를 들었다. 위기의 순간, 인간은 외려 선한 본성에 압도당한다고 그는 주장한다.

브레흐만은 윌리엄 골딩의 소설 『파리대왕』과 정반대되는 사례를 들어 자신의 주장을 입증한다. 『파리대왕』은 태평양에 있는 무인도에 소년들이 불시착하는 것으로 시작한다. 이 소년 집단은 처음에는 질서를 잘 유지하면서 슬기롭게 살아가지만, 마침내 패거리로 갈라져서 살인을 저지르고 만다. 이 과정에서 엄청난 혼란이 벌어지는 것은 누구나 짐작할 터다. 선한 심성이 악한 본성으로 대체되는 과정을 현실감 있게 그려낸 작품이다. 브레흐만은 이 작품은 어디까지나 상상의 산물일 뿐이며 실제로 벌어진 유사한 사례를 볼라치면 전혀 다른 일이 나타났다고 힘주어 말한다. 통가의 한 기숙학교에 있던 학생들이 뱃놀이 나갔다가 급류에 휘말려 8일간 표류한 후 통가에서 몇백 킬로미터 떨어진 아타섬에 도착했다. 상황이 매우 비슷하니 『파리대왕』과 같은 일이 벌어져야 마땅했다. 하지만 브레흐만이 이 섬에서 무려 15개월이나 생활했던 이들을 직접 만나 확인한 결과, 서로 협력하고 양보하는 이타적인 삶을 살았던 것으로 확인됐다. 인간의 본성은 악하다기보다는 선하다는 뜻이다.

그런데 왜 세상에는 악이 넘쳐나느냐고 물을 법하다. 브레흐만은 이유는 단순하다고 말한다. "우리는 역사상 가장 부유하고 안전하며 건강한 시대"에 산다. 그럼에도 세상이 악하다고 느끼는 것은 뉴스 탓이다. "테러리스트의 공격, 격렬한 폭동, 자연재해 등 예외적인 사건일수록 뉴스로서의 가치는 더욱 커진다." 우스갯소리로 개가 사람을 문 일은 뉴스가 되지 않지만, 사람이 개를 문 일은 뉴스가 되는 것과 같은 이치다. 브레흐만은 우리가 비관적인 뉴스에 취약한 이유를 두 가지로 꼽는다. 첫째는 부정 편향 탓이다. 수렵채집 시절 인간은 뱀을 보면 겁을 먹는 편이 생존에 유리했다. "지나치게 두려워한다고 해서 죽지는 않는다. 하지만 두려움을 거의 느끼지 않는다면 틀림없이 죽게 될 것이다." 둘째는 가용성 편향이다. "어떤 대상에 대해 기억을 쉽게 떠올릴 수 있다면 상대적으로 그것이 흔하다"고 추측하는 경향을 일컫는다. 대형 사고나 전쟁, 그리고 끔찍한 범죄 이야기는 우리 기억에 똬리를 틀게 마련이라, 비관적인 인간관이 강화되기 십상이다. 이 편향을 이겨내고 인간 본성이 선함을 믿고 우정과 친절, 협력과 연민을 실천해나가면 선한 사회를 이룰 수 있다고 브레흐만은 낙관한다.

뱀 다리. 성선을 설명하면서 맹자는 『시경』 「증민」을 인용한다. 하늘이 여러 백성을 내시니, 사물이 있으면 법칙이 있다. 사람들의 마음에는 떳떳한 본성이 있으므로[民之秉彝] 이 아름다운 덕을 좋아한다는 내용이다.11:6 그런데『서경』「탕고湯誥(탕임금의 깨우침)」에 "위대하신 상제께서 사람에게 치우침 없는 덕을 내려주어[惟皇上帝 降衷于下民] 이에 따라 변치 않는 본성을 가지게 되었다[若有恒性]"는 구절이 나온다. 충은 하늘이 내린 명으로 인의예지의 이치를 갖춘 것으로 풀이된다. 중문학자 이세동은 '강충'이 분명히 성선설의 근거가 될 법한데 맹자가 인용하지 않았다는 점을 지적했다.『시경』은 인용하면서『서경』은 인용하지 않은 것은 맹자가 읽은『서경』「탕고」에는 강충이라는 단어가 없었다고 추론할 수 있다. 따라서 오늘 우리가 보는 「탕고」는 후대의 위작임을 알 수 있다.[14] 맹자를 꼼꼼히 읽으면 고증학적 지식도 늘어난다.

이익의 정치와

덕의 정치

공자나 맹자는 민중을 대상으로 발언하지 않았다. 기본적으로 통치자나 통치 그룹을 직격했다. 이 점이 중요한 것은 공맹철학 자체가 본디 통치 이데올로기적 성격을 띠어서 민중을 억압하는 데 앞장섰다는 편견에서 벗어날 수 있기 때문이다.

공맹은 기본적으로 "너나 잘하세요"라고 했다. 만만한 사람을 대상으로 한 것이 아니라 바로 서슬 푸른 통치자를 가르치려 들었다. 영토를 넓히고 백성의 숫자를 늘리려는 데 혈안이된 통치자에게 인식의 대전환을 요구했다. 눈을 덮은 이익이라는 비늘을 걷어내고 인의의 세상을 이루기 위해 혼신의 힘을 다하라 촉구했다. 그다음으로는 고위공직자를 대상으로 군주를 섬기고 백성을 다스리는 마땅한 도리가 무엇인지 이야기했다. 나머지는 제자들과 치열하게 주고받은 논쟁이다.

맹자가 사단을 말하고 그 확충을 이야기한 까닭은 통치자가 불인인지심의 통치를 현실 정치에서 펼쳐야 한다는 점을 강조하기 위해서다. 본디 선한 마음을 품고 태어났으니, 왕의 자리에 오른 자는 그 마음을 백성을 위한 정치로 확충하라고 재촉한 것이다. 흔종의 예에 끌려가는 소의 울부짖음을 보고 안타까워했던 제선왕에게 그것이 바로 불인인지심이며 본성이라 깨우쳐준 맹자는 그 연민하는 마음이 짐승에게는 미치면서 막상 그 효험이 백성에게는 이르지 못하는 까닭은 무엇이냐1:7고 통박했다.

맹자는 불인인지심의 마음으로 하는 정치를 일러 왕도王道라 했다. 왕도라는 낱말은 『서경』에서 가장 먼저 쓰였다. 『서경』「홍범洪範(위대한 규범)」에 보면 "치우침 없고 편들지 않으면 왕도는 넓고 유원悠遠할 것이고, 편들지 않고 치우침이 없다면 왕도는 평이하고 평탄할 것이며, 뒤집거나 기울이지 않는다면 왕도는 바르고 곧다"는 말이 나온다. 본디 왕도는, 오늘 우리가 아는 '인의에 기초한 정치'라는 뜻과 달리, '중용의 정치'를 뜻했다.

이 왕도를 '덕으로 인을 실행하는 정치'라는 뜻으로 새롭게 정의한 이가 맹자다. 이에 맞서는 패도覇道는 '힘으로 인을 흉내 내는 것'이라 했다. 이 대조를 통해 맹자는 상당히 중요한 말을 한다. 사람은 힘 있는 사람에게 굴복하게 마련이다. 그런데 그것은 마음으로 복종하는 것[心服^{심복}]이 아니라, 힘이 부족해서 복종할 뿐이다. 힘의 관계가 바뀌면 복종은 불복이나 저항으로 얼마든지 바뀔 수 있다. 반면, 덕에 복종하는 것은 마음 깊은 곳부터 기뻐서 진심으로 복종하는 것이다.3:3 공자는 윗사람이 예를 좋아하면 백성이 공경하고, 윗사람이 의를 좋아하면 백성이 복종하며, 윗사람이 믿음을 좋아하면 백성이 마음을 준다논어 13:4고 했으니, 어떤 통치를 해야 자발적 복종을 얻을 수 있는지 귀띔해준 셈이다.

맹자는 통치자 개인의 타고난 덕성德性을 확충하여 현실 정치에서 덕치德治를 펼치면 덕(의 영향)력德力이라는 놀라운 정치적 효과가 나타난다고 보았다. 정치란 가까운 이들에게는 기쁨을 주고, 멀리 있는 이들은 몰려오게 하는 것[近者說遠者來^{근자열원자래}]논어 13:16이다. 덕이 개인의 윤리적 가치일 뿐 아니라 통치의 고갱이라는 점을 강조한 셈이다. 맹자는 이러한 효과가 나타나려면 왕이 어떻게 해야 하는지 구체적으로 밝혔다. 현자를 존중하고 유능자를 등용하면 천하의 사士계급이 기뻐하며 조정에 서기를 바란다. 시장에서 점포의 자릿세만 받고 장세는 물리지 않으며 남은 물건을 나라에서 사면, 천하의 상인이 기뻐하며 그 시장에서 장사하기를 바란다. 관문關門에서 인적 사항만 조사하고 관세를 받지 않으면, 천하의 여행자가 기뻐하며 그 길을 다니려고 한다. 농민에게 공전公田 경작을 돕게 하되 사전私田에서는 세금을 받지 않으면, 천하의 농사꾼이 기뻐하며 그 땅에서 농사지으려 한다. 망명객에게 살 곳을 마련해주고 세금을 받지 않으면, 기뻐하며 그 나라 백성이 되려 한다.3:5 이러니 왕도를 펼치는 왕에게는 큰 나라가 필요하지 않다. 탕왕은 고작 70리 땅으로, 문왕文王은 100리 땅으로 시작했으나 통일국가를 이루는 위업을 이루어냈다.3:3 덕으로 통치를 하니, 백성이 몰려들었고 인재가 나섰으며 제후가 스스로 항복해온 덕이다.

왕도의 조건

패도가 아닌 왕도의 정치가 얼마나 혁명적인 사유였는지는 『맹자』에 기록된 당시 현실을 보면 알 수 있다. 전쟁이 일상이 된 시대였다. 그러니 백성의 농사철을 빼앗아, 밭 갈고 김맬 때를 놓쳐 부모 봉양도 못 하게 했다. 그 결과 부모는 추위에 떨고 굶주리며, 형제와 처자식은 헤어지고 흩어져야 했다.1:5 흉년이라도 들면 노약자는 굶어 죽어 도랑과 골짜기에 뒹굴고, 장정은 천지사방으로 흩어졌다.2:12 땅을 얻으려고 싸우다가 온 들판에 시체가 가득했고 성을 빼앗으려 싸우다 성안이 죽은 사람으로 가득했다. 땅을 차지하려다가 사람 고기를 씹는 꼴이었다.7:14 전쟁으로 땅을 넓히고 인구를 늘리려 했던 대표적인 인물이 양혜왕이었다. 토지를 욕심내 백성을 전쟁터로 몰아가서는 크게 패하고 마침내 사랑하는 아들마저 잃었다.14:1 병가, 연횡가(연횡은 제후국의 연합을 꾀하는 외교술을 뜻하니, 일종의 정치 술수를 가리킨다), 법가가 현실을 지배했다. 패도만이 군주의 야욕을 실현할 수 있다고 떠벌리던 시대였다. 그 광야에서 목 놓아 왕도를 부르짖은 이가 맹자였다. 땅을 더 개척하지 않고, 전쟁을 벌이지 않더라도 어진 정치를 펼치면 숱한 사람이 스스로 몰려드니, 천하의 왕자가 될 거라는 확고한 믿음이 있었기 때문이다.3:1

맹자가 말한 왕도는 거창한 것이 아니었다. 백성이 생명을 기르고 주검을 장송하는 데 유감이 없다면 그것이 바로 왕도의 시작이다.1:3 산 입에 거미줄 치지 않고, 죽은 어른 잘 묻어주는 소박한 꿈마저 이루기 어려운 시절이었다. 통치자의 불인인지심이 왕도 또는 인정仁政이 되려면 다른 무엇보다 우선해서 일정한 생업을 보장하는 항산恒産을 제도적으로 실현해야 했다. 공자 역시 생각이 같았다. 위나라로 가던 공자 일행이 사람이 많은 걸 보게 되었다. 제자인 염유가 사람이 많으면 또 무엇을 더 해야 하냐고 물었다. 공자는 "부유하게 해주어야 한다"고 답했다.논어 13:9

맹자는 꿈꾸었다. 5무畝 넓이의 집터 둘레에 뽕나무를 심어 50대 늙은이가 명주옷을 입는 세상을. 닭, 돼지, 개를 치면서 짝을 짓게 하여 70대 상노인의 밥상에 고기반찬을 올릴 수 있는 세상을. 100무의 땅을 나누어주어 경작하게 하는데 갑자기 전쟁 일으켜 농사철 빼앗는 짓 저지르지 않아 여러 식구가 굶주리지 않는 세상을.1:3 맹자는 왕도를 실현하기 위해서 제도적 장치를 중요하게 여겼다. 먼저 토지의 경계가 정확해야 한다. 그래야만 백성에게 균등하게 땅을 나누어줄 수 있고, 관리에게 균평하게 월급을 줄 수 있다. 이어서 지방에서는 정전제 井田制를, 도시에서는 철법徹法(철은 균등하다는 뜻)을 시행한다.

맹자는 900무의 땅을 우물 정井 모양으로 나누라고 한다. 그러면 아홉 조각의 땅이 나오는데, 이 가운데 여덟 조각의 땅은 여덟 명의 농부가 나누어 가지고 각자 농사를 짓고, 나머지 한 조각은 공전으로 여덟 명의 농부가 함께 농사를 짓는다. 이를 정전제라 한다. 당연히 공전을 먼저 농사짓고 사전을 경작해야 하는데, 아홉 조각의 땅 가운데 공전의 소출을 세금 대신 낸다. 이를 조법助法이라 했는데, 서로 힘을 모아서 낸다는 뜻이다. 정전제에는 서로 어울려 살아가며 공동선을 추구하는 이상향적 공동체 성격이 스며 있다. 공전을 함께 경작하다 보면 서로 우애하고, 외부의 침입이 있을 적에는 함께 싸워 지키고, 병이 들면 서로 돌보게 되어 백성끼리 친하고 화목해지게 마련이다.5:3 철법은 도성 주변의 근교 지역에서 소출의 10분의 1을 세금으로 내는 것을 말한다.

항산의 정책을 펼쳤지만 그 성장의 대가를 누리지 못한 집단은 어떻게 해야 할까? 이 문제에 해답을 준 인물은 주나라 문왕이다. 문왕은 이미 기 땅을 다스릴 적에 조법을 실시했고, 고위 관리에게는 대대로 월급을 주었으며, 관문과 시장에서 기찰은 하되 세금은 물리지 않았다. 벌은 죄를 지은 사람에게만 내리고 연좌제는 없앴다. 이러면 가까운 사람들이 기뻐하고, 멀리 있는 사람들이 몰려오게 마련이다. 문왕의 아들인 무왕이 상나라를 무너뜨리고 천하를 통일하는 기반을 이때 단단히 다져놓았다.

빛이 있으면 그늘도 있는 법. 아무리 왕도를 펼쳐도 성장의 열매를 골고루 나눌 수는 없다. 그래서 문왕은 홀아비[鰥], 과부[寡], 독거노인[獨], 고아[孤]와 같은 하소연할 데 없는[無告] 사람을 먼저 챙겼다.2:5 사회적 약자와 소수자부터 챙겨서 사회적 불평등 문제를 해소했다. 공자도 분배 우선 정책을 옹호했다. 어용 관리로 전락해 지배자의 이익만 챙기려는 염유를 크게 꾸짖으며 말했다. "나라를 운영하는 이는 백성 적은 것을 근심하지 않고 살림이 고르지 않음을 근심한다. 또한 가난을 근심하지 않고 평안하지 않음을 근심한다. 고르면 가난하지 않고, 화목하면 모자라지 않고, 평안하면 기울어짐이 없기 때

문이다."논어 16:1

맹자가 왕도의 가장 대표적인 사례로 꼽은 문왕의 정책은 존 롤스의 차등 원칙으로 뒷받침된다. 롤스는 정의를 고민하는 가장 좋은 방법은 원초적으로 평등한 상황에서 어떤 원칙에 동의하는지를 묻는 것이라 했다. 이를 위해 하나의 사고실험을 제안한다. 한 사회의 원칙을 정하려 모인 사람들이 각자 자신이 어떤 위치에 있는지를 전혀 모르는, '무지의 장막'에서 교섭하고 타협한다고 가정한다. 계층과 성별, 인종과 민족, 정치나 종교적 신념을 전혀 모르는 것이다. 이런 상태에서는 계약 당사자들이 자신의 이익을 극대화하는 쪽보다는 피해를 최소화하는 쪽을 택할 가능성이 크다. 이는 최대의 이익을 누리지는 못하지만, 최악의 상황이 되더라도 자신의 삶을 위한 기본조건이 보장된 상황을 선택할 가능성이 크다는 뜻이다. 롤스는 무지의 장막에서 계약 당사자는 정의에 관해 두 가지 원칙에 합의한다고 보았다. 첫째는 양심이나 사상의 자유 같은 기본권을 시민이 평등하게 누리는 것이고, 둘째는 사회적·경제적 불평등을 인정한다면 그 이익이 사회 구성원 가운데 가장 어려운 사람에게 돌아가야 한다는 것이다.[1]

백성에게 항산이 있도록 애쓰는 것은 그래야 비로소 늘 지니고 있는 떳떳한 마음인 항심恒心을 키울 수 있기 때문이다. 일정한 재산이 있는 자는 떳떳한 마음이 있고, 일정한 재산이 없는 자는 떳떳한 마음이 없다.5:3 성선은 선한 마음의 싹을 품고 태어났다는 뜻일 뿐이다. 그 싹이 마침내 열매를 맺으려면 여러 상황이 생장에 도움이 되어야 한다. 통치자가 정전제와 조법 제도와 같은 인프라 마련에 힘써야 하는 것은 가능태의 성선을 삶의 현장에서 현실태로 실현하기 위해서다. 항심을 키우려면 교육해야 한다. 마을마다 학교를 열어 엄히 가르쳐 효행과 공손의 도리를 익히게 한다. 구체적으로 상庠·서序·학學·교校를 세워서 백성을 가르쳐야 한다고 제안했다. 상에는 '교양을 기른다' 또는 '어른을 봉양한다'는 뜻이, 교에는 '가르쳐 바로잡는다'는 뜻이, 서에는 '활쏘기를 통해 서열을 매겨 인재를 발탁한다'는 뜻이 있다.[2] 향학을 일러 하나라 때는 교, 은나라 때는 서, 주나라 때는 상이라 했다. 학은 대학을 말하는 것으로 하, 은, 주 세 나라가 이름을 같이했다. 이들 모두는 인륜을 밝히는[明人倫] 곳이다.5:3 공자도 뜻이 같다. 앞서 나온 염유와 나눈 대화가 계속 이어지는데, 염유가 이미 부유해지면 또 무엇을 더 해야 하느냐고 물으니, "가르쳐야 한다"고 대답했다.

항심과 관련한 대목을 읽다 보면 맹자가 사계급에게 요구한 높은 도덕성을 확인할 수 있다. 백성이야 항산이 없으면 항심이 없겠지만, 사계급은 항산이 없어도 항심을 유지해야 한다.1:7 공자나 맹자나 새로운 시대를 열, 상승하는 계급으로 자신이 포함된 사를 지목했다. 막스 베버가 말한 프로테스탄트가, 마르크스가 예언한 프롤레타리아가 바로 사란 뜻이다. 스스로 역사적 소명을 자임했으니, 맡은 임무는 무겁고 갈 길은 멀었다[任重道遠].논어 8:7 사는 곤궁해도 의를 잃지 않아야 하고, 높은 자리에 올라도 도를 벗어나지 않아야 한다.13:9 그래야 백성이 희망을 잃지 않기 때문이다. 대안 세력이나 혁명 세력은 폭정에 지친 백성이 기댈 마지막 언덕이다. 이 집단이 의를 잃고 도를 벗어나면 백성은 희망을 걸 대상이 없다. 수양을 통해 인격적 완성에 이르고, 그 도덕성에서 비롯한 호연지기로 왕도가 가능하도록 이끌지 않고서는 새로운 세상을 열 수 없는 법이다. 그런 점에서 공맹이 말한 사계급은 혁명 주도 세력이다.

곤궁하면 홀로 몸을 선하게 닦고 높은 자리에 오르면 천하도 함께 선하게 하는 법이다.13:9 통치자와 뜻이 맞아 사생취의捨生取義의 정신으로 세상을 개벽하기 위해 나서지만, 뜻이 이루어지지 않았다고 변절하거나 은둔하지 않는다. 다시 공부하고 수양하며 자신을 더 성숙하게 해 새로운 기회를 노린다. 제자인 만장萬章이 지위를 잃은 사계급이 어려운 형편에 놓이게 되면 임금이 보내주는 구휼미는 받아도 좋으냐고 물었더니, 맹자는 받아도 된다고 했다. 만장이 대들었다. 임금과 뜻이 맞지 않아 봉록을 받지 않으면서 왜 구휼미는 받느냐고. 맹자는 직무가 없으면 봉록을 받지 않는 것은 당연하고, 구휼미는 빈민을 구제하느라고 임금이 베푼 것이니 쌀 떨어진 어려운 형편에 놓였다면, 당연히 받아도 된다고 했다. 단, 구휼미를 자꾸 받으면 봉록과 다를 바 없게 되니 일정 기간이 지나면 끊으라고 했다.10:6 그럼, 사계급의 자존심을 위해 굶어 죽으라는 말일까? 정말 너무 가난하여 일자리를 알아보아야 한다면 고위 공무원은 되지 말고, 백성의 일상적 삶에 보탬이 되는, 아주 적은 녹봉을 받는 자리에 만족하라고 했다. 그러면서 제안한 자리가 문지기나 야경꾼10:5이었다. 보라, 우뚝 솟은 이 자존심을! 세상을 바꾸겠다고 나서려면 높은 도덕성이 있어야 한다. 이 정도 각오 없이 정치하겠다고 설레발치는 것은 모리배 짓에 불과할 뿐이다.

위민이 아니라 여민이다

왕도는 여민與民 정치와 같은 말이기도 하다. 한데 오랫동안 맹자 철학을 일러 위민爲民 정치라 했다. 이는 크게 잘못된 일이다. 『맹자』를 톺아보면 흔히 말하는 위민과 여민은 큰 차이가 있음을 알 수 있다. 위민은 말 그대로 백성을 위한다는 말이다. 여기에는 관계의 수직성이 전제되어 있다. 통치자로서 마땅히 해야 할 일을 하면서도 백성을 위한답시고 시혜를 베푸는 척하는 마음이 스며 있다. 그러나 여민은 수평적 관계를 전제한다. 군림하거나 시혜를 베푸는 것이 아니라, 그 공동체가 겪는 희로애락을 함께한다는 말이다.

『맹자』에는 위민의 대표 격으로 양혜왕이 나온다. 양혜왕은 나라에 흉년이 들면 주민을 다른 곳으로 옮기고 노약자에게 식량을 나누어 주었는데, 왜 인구수가 늘어나지 않느냐고 맹자에게 푸념한다. 얼핏 보면 양혜왕이 선정을 베푼 듯싶지만, 자세히 살펴보면 문제가 드러난다. 양혜왕의 말대로 다른 제후가 하지 못한 일을 했는데 왜 백성들은 그를 외면했을까? 양혜왕이 시쳇말로 꼼수 부린다는 것을 백성들이 눈치챘기 때문이다. 농업국가에서 인구는 노동생산력이자 군사력의 바탕이다. 양혜왕이 시혜를 베푼 것은 백성의 곤궁한 삶을 구제하기 위해서가 아니라, 부국강병을 위한 하나의 방책이었을 뿐이다.

위민과 여민의 차이를 예리하게 지적한 이는 배병삼이다. 그는 위민을 자기 목적을 위해서 군주가 인민을 도구로 삼는 것이라 풀이하면서 『맹자』에 위민이라는 낱말이 한 번도 나오지 않았다는 점을 돋을새김했다. 여민은 여민동락與民同樂, 여민해락與民偕樂이라는 말처럼 인민과 함께 더불어 즐긴다는 뜻이다. 더불어 '인민이 바라는 바를 같이 행한다'는 여민동지與民同之, '인민이 바라는 바에 기초하여 함께한다'는 여민유지與

民由之와 같은 말이 나온다고 밝혔다.[3]

다시, 맹자가 제선왕과 나눈 대화로 돌아가보자. 맹자는 왕의 연민하는 마음이 짐승한테 미치면서 어째서 백성에게는 이르지 못했느냐고 따져 물었다. 그러고는 답도 내놓았다. 백성이 보호받지 못하는 것은 왕이 연민하는 마음을 쓰지 않아서라고 말이다. 당신은 하지 않는 것[不爲]이지, 할 수 없는 것[不能]이 아니라고까지 몰아붙였다.1:7 이 대목은 공자가 염유를 비판했던 것과 유사하다. 염유가 말하기를, '선생님의 도가 기쁩니다만 따라 하자니 힘에 부친다'고 했다. 공자는 힘에 부친다는 말은 길을 달리다 도중에 쓰러지는 것을 이르는데, 지금 너는 아예 못 하겠다고 한계를 긋는 것[畵]이라고 대꾸했다.논어 6:10 맹자는 이 하지 않음을 자포자기로 달리 설명했다. 말만 하면 예와 의를 비난하는 것은 자포自暴이고, 내 몸은 인에 살 수 없고 의를 따를 수 없다고 하는 것은 자기自棄다.7:10 성선을 깨달아도 이를 확충하지 못하는 것은 하지 않음이며, 자포자기한 상태다.

개혁적인 꿈을 품은 시민의 열렬한 지지를 받았지만 수구세력에 끌려다니다가 임기를 마치는 정치인이 있다. 나중에 회고하는 내용을 보면 대체로 할 수 없었다고 하지, 하지 않았다고는 말하지 않는다. 자신이 개혁적인 가치를 자포자기한 바를 깨닫지 못해서다. 어디 정치인뿐이겠는가. 나 자신을 되돌

아보아도 하지 않는 자포자기의 삶이지 않던가. 그저 부끄러

울 따름이다.

독재하는 「또라이」는

갈아 치울 수 있다

『맹자』는『논어』와 함께 그 철학적, 학문적 권위를 한껏 인정받고 있다. 하지만『맹자』는 오랜 세월 사람들에게 저평가된 '흑역사'가 있다. 사마천이 맹자를 높이 평가해「맹자순경열전」을 썼다지만 분량은 적었다.『맹자』의 가치를 알아보고 후한 시대 조기가 주석서『맹자장구』를 썼으나 반향을 일으키지는 못했다. 숭상보다는 비판이 더 거셌다. 일찍이 순자가 맹자 철학을 맹비난했다. 한비자 역시 이 대열에 합류했다. 한나라 때는 동중서, 양웅, 왕충이 맹자를 비판했다.『한서』「예문지」이래『논어』,『시경』,『서경』은 경서로 분류되었지만,『맹자』는 기타 사상[子]으로 평가되었다. 맹자는 천년의 세월이 흐른 다음 송나라 때 활약한 성리학자에게 재평가받으면서 공자에 버금간다는 아성으로 떠받들어졌다. 이때 기존의『논어』,『맹자』에다『예기』에서 가려뽑은『대학』과『중용』을 아울러 사서四書라 부르기 시작했고, 주자는 각 책에 주석을 단 사서집주를 펴냈다.[1] 이런 일련의 과정을 거치며 맹자는 명예회복에 성공했다.

그런데 맹자는 왜 긴 세월에 걸쳐 잊혔을까? 답은 예상한 대로다. 권력은 이익을 좇는데, 맹자는 인의를 내세웠다. 전쟁보다는 평화를, 패도보다는 왕도를, 성장보다는 분배를 내세우는 맹자 철학은 권력자를 불편하게 했다. 맹자야말로 소크라테스가 말한 '등에'였다. 현실에 만족하는 권력자에게 끊임없이 참된 가치에 눈뜨게 하고, 그 가치에 동의하도록 설득하고, 그 길을 걷지 않으면 꾸짖었다.

권력자가 맹자를 얼마나 미워했는지 알려주는 일화가 있다. 당나라 태종 이세민은 맹자가 다시 살아나면 그냥 두지 않겠다며 불편한 심기를 드러냈고, 명나라 태조 주원장은 맹자 사당에서 지내는 제사를 중단하고 책을 불태우라고까지 말했다고 전한다. 특히 주원장은『맹자』에서 권력자의 심기를 건드린 부분을 삭제하고 따로 요약본을 펴냈으니 그게 바로『맹자절문』이다.[2]『맹자』전체 분량에서 30퍼센트 남짓 잘려나갔다.

『맹자』전편에 걸쳐 권력자의 심기를 건드릴 대목은 수두룩하다. 그렇지만 다른 무엇보다 패도 정치를 일삼는 왕은 타도

해도 된다는, 이른바 역성혁명론이야말로 권력자의 역린을 건드렸다. 감히 통치 세력을 통째로 갈아엎을 수 있다는 말을 고깝게 여기지 않을 권력자가 어디 있겠는가. 하나, 동양사에서 왕후장상의 씨가 따로 있느냐며 전제적인 권력에 맞서 새로운 세상을 실현하려 했던 숱한 저항의 동력은 맹자에게서 비롯하였다. 우리 역사에서도 독재 권력에 맞선 시민의 저항 역시 맹자에 그 뿌리가 닿아 있다. 급기야 민심이 성나면 대통령도 탄핵할 수 있다는 것을 보여주었잖은가.

천자를 결정하는 것은 민심이다

역성혁명을 제대로 알려면 에둘러 가야 한다. 『맹자』에는 『서경』을 근거로 권력이양에 관한 이야기가 소상히 나온다. 이를 두루 이해한 다음, 어떤 문맥에서 역성혁명을 말했는지 살펴보아야 한다. 잘 알려져 있듯 고대에는 선양禪讓의 전통이 있었다. 아버지가 아들에게 권력을 물려주지 않고, 덕 있는 이에게 물려주는 방식을 일컫는다. 고대 중국에서 최초의 국가를 세운 이는 요堯임금으로 여겨진다. 공자가 요임금을 일러 그 공로를 말로는 표현할 수 없다면서 '위대하다'는 한마디로 추켜세운 것은논어 8:19 요임금이 문명 세계를 처음으로 세웠기 때문이다.

　요임금은 때가 되자 자신을 이어 통치할 사람을 추천받았다. 신하들은 당연히 맏아들 단주를 추천했으나, 진실하지 못하고 말다툼을 좋아한다며 물리쳤다(『서경』 「익직」에는 단주의 단점이 더 소상히 나온다. 아무것도 안 하고 오직 놀기만 좋아하며, 밤낮없이 거만하고 포악한 짓만 일삼고, 물 없는 곳에 배 띄우며 떼 지어 집 안에서 음탕하게 놀았다고 한다). 이에 공공을 추천했으나 일을 맡기면 어긋나고, 공손한 척하지만 마음속 오만함이 하늘까지 가득하다며 거절했다. 요가 자신이 임금 자리에 있은 지 70년이나 되었다며 물려줄 사람을 천거하라고 다시 요구했다. 이번에는 아비는 어리석고 어미는 진실하지 못하고 이복동생은 오만한데도 효를 다하여 집안이 화목하도록 이끈 이가 있다며 순舜을 추천했다. 요임금은 딸 둘을 시집보내어 시험해보기로 했다.『서경』 「요전」

　요임금이 순에게 직위를 주어 오전五典을 아름답게 하라 하자 오전이 잘 시행되었고, 백관의 우두머리인 백규의 자리에 앉히자 온갖 정사가 때에 맞게 시행되었다. 사방의 성문에서 손님을 맞게 하니 사방의 성문에 화기가 넘쳤고, 큰 산 기슭으로 몰아넣었으나 세찬 바람과 뇌우에도 헤매지 않았다. 요임금은 순에게 임금 될 자격이 있는지 증명할 만한 공적을 이룬 지 3년이나 되었으니 이제 자리에 오르라 했다.『서경』 「순전」

그다음 이야기는 『맹자』에 잘 나온다. 요임금이 돌아가시자 순은 삼년상을 마친 뒤 요임금의 아들 단주를 피하여 남쪽으로 몸을 숨겼다. 그런데 제후가 단주가 아니라 순에게 조회하러 갔고, 소송을 다투는 사람도 순에게 갔다. 노래하는 사람은 순의 덕을 노래했다(같은 내용이 『사기』「제요」에도 나온다). 통치자의 덕성은 왕도라는 덕행으로 가시화해야 하고, 그 덕행은 반드시 덕력이라는 효과를 불러온다. 가까이 있는 이는 기뻐하고, 멀리 있는 이는 찾아오는 것이다. 나라를 구성하는 다양한 계층의 마음이 순에게로 갔으니, 순이 왕위를 물려받을 수밖에 없는 상황이 되어버렸다.

태평성대를 일군 순임금이 늙자, 요임금이 그러했듯 순임금은 신하인 우禹를 후임자로 추천했다. 순의 아들 상균은 아버지에 미치지 못했다[不肖^{불초}]. 우는 영민하고 의지가 강하며 부지런했다. 덕을 어기지 않았고 어질었으며 말에 믿음이 있었다. 목소리는 화기애애했고, 행동은 법도에 맞았고, 일은 공평하게 처리했다. 반듯하고 부지런하여 위아래의 모범이 되었다.「사기」「하본기」 우가 치수治水에 성공한 이야기는 널리 알려졌다. 순은 우에게 섭정을 맡긴 다음 17년 뒤 죽었다. 우는 삼년상을 치른 뒤 상균을 피해 양성에 숨었다. 그다음 순이 겪었던 것과 똑같은 일이 벌어졌다. 뭇사람이 우에게 몰려들었다. 결국 우가 왕의 자리에 올라 선양의 전통이 이어졌다. 우임금도

만년에 전통을 따라 신하인 익을 후계자로 추천했고 그 7년 뒤 죽었다. 익은 삼년상을 치른 다음 우임금의 아들 계啓를 피해 기산의 북쪽에 숨었다.

그런데 이번에는 전혀 다른 일이 벌어졌다. 뭇사람이 익이 아니라 계에게 몰려들었다. 이런 일이 벌어진 데는 그럴 만한 이유가 있다는 것을 입증하는 일화가 전해진다. 제후 중 유호씨가 군사를 일으켜 쳐들어오자 계가 토벌대를 이끌고 싸웠으나 참패했다. 여러 대신이 다시 한번 싸우자고 부추겼으나 거부했다. 계는 유호씨보다 영토가 더 넓고 백성이 더 많은데도 전투에서 진 것은 자신의 덕이 부족하고 교화가 착하지 않아서라며 근신하는 삶을 살았다. 거처할 때는 겹으로 깐 자리에 앉지 않고, 밥 먹을 적에는 두 가지 맛을 즐기지 않았으며, 음악을 멀리했고 자녀를 아름답게 꾸미지 않았다. 다른 한편으로는 어버이를 가까이하고 웃어른을 공경했고, 현명한 자를 존중하고 능력 있는 자를 등용했다. 이렇게 1년이 지나자 유호씨도 감히 침범하지 못하고 계에게 귀순했다.「여씨춘추」「선기」 마침내 덕 있는 신하에게 왕위를 물려주는 선양의 전통은 끊어지고 아들에게 물려주는 권력세습이라는 새로운 전통이 세워졌다.

맹자는 이 사실을 전하면서 공자의 평을 인용했다. 요임금과 순임금은 선양하였고 하·은·주는 아들이 계승하였지만 그 이치는 하나라 했다. 선양이냐 계승이냐가 문제가 아니라 백성이 임금을 선택했다는 것이 중요하다는 뜻이다. 선택에 결정적 영향을 끼친 이유도 나와 있다. 섭정 기간이 긴 것과 짧은 것, 그 아들의 현명함과 어리석음이 시금석이 되었다. 순은 요에게 발탁되어 20년 일했고, 섭정 기간이 8년이었다. 도합 28년을 요임금과 함께했다. 순은 우에게 17년 동안 섭정하게 했다. 단주와 상균은 어리석었다. 그런데 익은 너무 짧은 기간 섭정한지라 백성이 은택을 입은 세월이 길지 않았다. 거기다가 계는 현명했다. 맹자는 하늘은 우리 백성이 보는 것을 통해 보시고, 우리 백성이 듣는 소리를 통해 들으신다는 『서경』의 구절을 인용해, 공자가 말한 하나의 이치가 무엇인지 분명히 했다.9:5~6 천자를 결정한 것은 민심이다. 백성이 정하면 하늘은 따를 뿐이다.

『사기』에 보면 희한한 이야기가 나온다. 녹모수鹿毛壽가 연나라 임금 쾌噲에게 나라를 재상인 자지子之에게 양보하라고 권하였다. 요임금이 현자라는 말을 듣는 것은 천하를 허유에게 선양했기 때문이다, 그런데 허유가 이를 받아들이지 않아 요임금은 천하를 선양했다는 명성은 얻었고 실제로 천하를 잃지도 않았다, 그러니 왕이 나라를 자지에게 양보하더라도 감히 받지는 않을 터이니, 요임금 같은 덕행을 쌓았다는 명성을 얻을 것이라는 논리였다. 이 말에 속아 넘어간 임금 쾌는 자지에게 나라를 맡겼다. 태자가 가만히 있을 리 없었다. 태자 평은 장군 시피와 함께 자지를 공격했다. 하나, 이 모반은 실패했다.「연소공세가」

이런 상황에서 제선왕이 보낸 듯 싶은 심동沈同이 맹자를 찾아와 연나라를 쳐도 되겠느냐고 물었다. 맹자는 괜찮다고 답했으니, 이유인즉슨 쾌도 사사로이 연나라를 남에게 줄 수 없고, 자지도 감히 연나라를 받을 수 없기 때문이었다. 권력이양에 백성의 동의가 없었다. 권력자가 사사로이 증여한바, 이는 옳지 못한 일이기에 정벌해도 되는 것이다.4:8 이 대화에서도 권력자는 민심이 선택한다는 맹자의 관점을 확인할 수 있다.

임금보다 백성이 귀하다

맹자가 역성혁명을 설파하기 위해 치밀하게 '빌드 업'해나가는 장면을 보자. 맹자가 제선왕에게 말했다. 어느 신하가 처자식을 친구에게 맡겨놓고 초나라에 갔다고 치자. 잘 대접해주려니 믿고 갔다 왔더니, 처자식이 추위에 떨고 굶주려 있다면 그 친구를 어떻게 대해야 하느냐? 왕은 관계를 끊어야 한다고 답했다. 만약 포도대장이 군졸을 제대로 다스리지 못하면 어떻게 해야 할까? 왕은 파면해야 한다고 답했다. 이제 왕 자신을 향해 질문을 던진다. 나라가 잘 다스려지지 않으면 어떻게 하겠느냐? 얼마나 뜨끔했겠는가. 왕이 눈을 돌리더니 딴 이야기를 하더란다.2:6

통치 세력과 백성이 계약관계임을 밝힌 대목은 여러 군데 나온다. 그 가운데 인상 깊은 대목을 하나 더 소개하면 이렇다. 추나라와 노나라가 전투를 벌였다. 추나라 관리가 33명이나 죽었는데, 백성은 하나도 죽지 않았다. 추목공이 화가 나 처벌하고 싶은데 백성을 다 죽여야 하니 그럴 수도 없고, 처벌하지 않자니 윗사람이 죽는 걸 보고도 모른 척한 걸 그냥 둘 수도 없었다. 맹자가 추목공에게 다음과 같이 말해주었다. 흉년이 들어 노약자는 도랑과 골짜기에 굴러떨어져 죽고, 장정은 수천 명이 사방으로 흩어졌다. 그런데 임금의 곳간에는 곡식이 가득 차 있고 창고에는 재화가 꽉 찼다. 이런 상황인데도 관리 가운데 누구 하나 임금에게 보고한 사람이 없다. 윗사람이 태만하여 아랫사람을 잔인하게 대한 것이다. 증자가 말한 대로 너한테서 나간 대로 너한테로 돌아오는 법이다. 지금 백성은 받은 만큼 돌려주는 것이니, 탓하지 마라. 그러나 임금이 인정을 베풀면 백성이 윗사람을 사랑하여 어른을 위해 목숨을 던질 것이다.2:12

이번에는 탕왕이 걸왕桀王을 유폐하고 무왕이 주왕紂王을 쳤다는데 사실이냐고 제선왕이 물었다. 맹자가 기록에 있다고 답변하니, 신하가 자기 임금을 시해할 수 있느냐고 제선왕이 되물었다. 여기서 그 유명한 역성혁명론이 나온다. 맹자는 말한다. 인을 도적질하는 자를 적賊이라 하고 의를 도적질하는 것은 잔殘이라 한다. 그런데 잔적한 자를 일컬어 신분이 낮고 보잘것없는 사내라는 뜻으로 일부一夫라 부르는데, 일부 주를 처벌했다는 말은 들었으나 임금을 시해했다는 말은 들은 바 없노라!2:8

맹자의 호연지기를 느낄 수 있는 대목이다. 권력자 앞에서 전혀 주눅 들지 않고 '독재 타도, 민주 쟁취'의 당위성을 토로한다. 그 대가로 죽을 수도 있고, 파면될 수도 있다. 대명천지한 오늘날에도 '십상시'라며 권력자에 아부해서 자신의 이익을 누리는 간신배가 있다. 그런데 맹자는 절대 권력을 누리는 왕 앞에서도 민심을 잃으면 권력을 잃을 수 있다고 명토 박는다. 도대체 이런 용감한 발언은 어떻게 가능했을까? 당연히 맹자의 소신에서 비롯하였는바, 백성이 귀하고 사직은 그다음이며 임금은 가벼운 법이다[民貴君輕]. 만약 제후가 사직을 위태롭게 하면 갈아 치우고, 희생도 잘 갖추고 정결한 제사 곡식으로 제때 제사를 지냈는데도 가뭄이 들거나 물난리가 난다면 사직을 바꾸어버려야 한다.14:14 민심을 어긴 임금을 갈아 치운다는 말만 해도 파격인데, 토지와 곡식의 신마저 버릴 수 있다니 참으로 혁명적인 발상이다.

춘추시대에도 역성혁명에 대한 인식이 있었음을 알 수 있다.[3] 진나라 도공이 위나라 사람들이 임금 내쫓은 것을 화제로 삼자 사광이 답변했다. 임금은 백성 기르기를 자식같이 하고, 백성 덮어주기를 하늘같이 하며, 백성 받아들이기를 땅과 같이 한다. 백성이 그 임금을 받들되 부모같이 사랑하고 일월같이 우러르며 신명같이 공경하고 우레같이 두려워하면 이런 임금이 내쫓길 리 없다. 대체로 임금은 신에게 제사 지내는 주인이요, 백성의 소망인 법이다. 그러니 만약 백성의 생활을 괴롭히는 임금, 신을 없애고 제사를 안 지내며 백성이 절망하고 나라에 주인이 없는 격이 되면 그런 임금을 무엇에 쓰겠는가? 내쫓지 않고 어떻게 하겠는가!「춘추좌선」, '양공' 14년

어느 날 제선왕이 왕과 성이 같은 귀척貴戚의 정승은 임금을 어찌 섬겨야 하느냐 물었다. 맹자는 "임금에게 큰 잘못이 있을 때는 간언한다. 만약 거듭해서 간언해도 듣지 않으면, 친척 가운데 어진 자로 군주를 바꾸어 세워야 한다[易位]"고 답변했다. 맹자의 말이 맞다. 어떻게 세운 왕조이던가. 그런데 한 사람의 폭군 때문에 왕조가 망할 지경에 이르렀다면, 그 왕을 바꿔 왕조가 지속되도록 해야 한다. 통치 세력 내부의 권력 교체, 즉 반정反正을 힘주어 말한 셈이다. 맹자의 답변을 듣고 발끈하며 낯빛이 변했던 왕이 분을 삭이고 나서 성이 다른 신하, 즉 이성異姓의 정승은 어찌해야 하나 물으니, 임금한테 잘못

있어 거듭하여 간언하는데도 들어주지 않으면 떠나가버려야
한다고 했다.10:9

임금과 백성은 계약관계

이로써 맹자 정치철학의 '3대 강령'이 완성되었다. 첫 번째
는 '성선설'이다. 사람은 누구나 다 선한 마음을 품고 태어났
다. 두 번째는 '왕도 정치'다. 임금은 그 선한 마음을 확충해 백
성이 항산할 수 있는 기반을 닦고, 그다음 항심을 위한 교육에
힘써야 한다. 세 번째는 '역성혁명'이다. 왕도 정치를 펼치지
않는 임금을 쫓아내고 현능한 이를 임금 자리에 앉혀 왕도 정
치를 펼치도록 해야 한다. 인간의 본성을 마음에서 발견하고
이를 통치 원리로 확충했으며 마침내 혁명론에 이르렀으니,
맹자의 철학사적 공헌을 높이 평가하지 않을 수 없다.

맹자의 역성혁명론을 로크의 『통치론』과 비교해서 읽어보
면 시사하는 바가 많다. 로크는 모든 사람이 독립적이며 자유
롭고 평등한 상황을 자연상태라 가정했다. 자연상태에서 개인
은 완전한 자유와 자연법상의 모든 권리 및 특권을 간섭받지
않고 누린다. 더불어 타인의 침해와 공격에서 자신의 생명·자
유·재산을 보전할 수 있는 권력과 함께 다른 사람이 이를 침해

할 적에 심판하고 처벌하는 권력이 있다. 문제는 권위 있는 공통된 재판관의 부재가 만인을 전쟁 상황으로 몰아넣는다는 점이다.

　전쟁 상황에서 벗어나려면 모든 사람이 자연적 권력을 포기하고, 공동체가 제정한 법에 따라 모든 사건에 관해서 보호를 호소할 수 있는 공동체의 수중에 그 권력을 양도해야만 한다. 즉, 각자가 자신의 생명·자유·재산을 보호하는 재판관이자 집행자인 상태에서 구성원끼리의 분쟁을 해결하고 위반자를 처벌하는 공통된 권위를 인정하는 상태로 전환하는 데 합의할 적에 비로소 정부가 구성된다. 정치사회는 계약으로 이루어진다.

　권력이 공동체를 구성하는 성원 간의 협정과 합의 및 상호 간의 동의에 그 기원을 두고 있다면, 그 권력은 일정한 목적을 위해 신탁되었다고 볼 수 있다. 그 일정한 목적이란 생명·자유·재산의 보호다. 로크는 부패나 쇠퇴가 몰고 온 현재의 상태를 변혁하는 것은 고사하고 외려 인민을 침해하거나 억압하고 어떤 부분이나 어떤 파벌을 구분하여 특혜를 주며 나머지에게는 불평등한 복종을 강요하는 경향이 정부를 망친다고 주장했다. 만약 통치 권력이 신탁의 목적에 반해서 권력을 행사하는 상황이 일어나면, 그러니까 정부를 망친다면, 신탁은 필연적으로 철회할 수 있다. 흥미로운 대목은 권력을 위임받은 자가 법률을 위반하여 사사로운 의지에 따라 활동한다면, 이런 사람은 복종을 요구할 어떤 권리나 권력이 없는 일개 사인私人에 불과하다고 한 점이다. 맹자의 일부一夫 개념과 상당히 비슷해 보인다. 로크는 신탁된 권력이 계약을 위반해 신뢰를 잃어버리면 인민의 의지에 따라 그 권력은 회수될 수 있다고 했다.

　동양철학자 이승환은 유가의 정의관을 두 부류로 나누었다. 하나는 인격의 완성에 따라 부정의를 해소한다는 '완성주의적 정의관'이다. 다른 하나는 통치자와 기층민 사이를 계약관계로 보고 상호 간의 호혜적 이익 보장을 요구하는 '합의론적 정의관'이다. 성선설이 최대 도덕을 지향하는 완성주의적 정의관이라면, 최소한의 의무 이행과 부정의의 시정 같은 최소 도덕을 지향하는 것이 합의론적 정의관이다.[4] 입때껏 우리는 맹자가 말한 군주와 백성의 계약관계를 주목하지 못했다. 전통적으로 성인이 되어 의를 실현하는 최대 도덕에만 비중을 두어온 탓이다. 일찌감치 맹자는 권력의 계약관계에 주목해 역성혁명의 도덕적 근거를 마련했으니, 로크의 근대적 시민혁명론을 선취한 사상가라 평할 만하다.

충절의 대명사인가, 반혁명 세력인가

역성혁명의 관점에서 새롭게 평가할 만한 인물이 있다. 절개와 청렴의 상징인 백이伯夷와 숙제叔齊가 바로 그들이다. 백이와 숙제는 고죽국 국군의 아들들이었다. 아버지가 맏형인 백이를 제치고 숙제를 국군으로 앉히려 하다 세상을 떴다. 숙제가 형에게 국군 자리를 양보하자, 아버지의 명이라며 백이가 달아나버렸다. 그러자 숙제도 자리에 오르지 않고 도망갔고, 이에 사람들이 가운데 아들을 국군으로 세웠다. 백이와 숙제는 상나라 폭군 주를 피해 북해 바닷가에 숨어 살았는데, 문왕이 노인을 잘 모신다는 말을 듣고 주나라를 찾았다. 그런데 문왕이 죽고 그 아들인 무왕이 군사를 일으켜 상나라의 주를 토벌하려 하자 강력하게 규탄했다. 아버지 돌아가시어 장례도 치르지 않았는데 창칼을 들다니 효라 할 수 있느냐, 신하가 군주를 죽이는 것을 인이라 할 수 있느냐며 무왕을 가로막았다. 백이, 숙제는 임금이 가장 귀하다고 보는 왕당파였으며, 군신 관계는 상하 관계가 아니라 의로움을 기준으로 맺는 수평 관계라는 점을 몰랐던 보수파였다.

물론 무혈혁명을 일으킬 수 있다면 그보다 좋을 수는 없다. 문왕 때 주나라는 이미 천하의 3분의 2를 차지했다. 이는 노래에도 남아 있다. 『시경』「대아」 중 '문왕'을 보면 "은나라 자손은 그 수를 셀 수 없지만 상제께서 천명을 내리니 주나라에 복종했네. 주나라에 복종하니 천명은 고정된 것이 아니로다. 은나라 선비 가운데 훤칠하고 영민한 이들이 주나라의 수도에 와서 땅에 술을 붓는 예를 행하며 제사를 돕는구나"라고 했다. 그러나 상나라의 주는 완강하게 버티었다. 주가 비록 전례 없는 폭군이었으나, 유서 깊은 가문과 오랜 전통, 미풍양속과 좋은 정치가 전해졌고, 또 미자·미중·비간·기자·교격 같은 현인이 보좌한 덕이다.3:1 줄기는 썩었으나 뿌리는 깊어 좀처럼 뽑히지 않는 나무 같았다.

그런데 충언을 하던 귀척 정승이 마침내 쫓겨나고 살해당했다. 절호의 기회가 다가왔다. 혁명에는 다 때가 있는 법이다. 이미 탕왕도 하나라의 걸왕을 상대로 최초의 역성혁명을 일으켜 상나라를 개국하지 않았던가. 최후의 전투만이 혁명을 완수할 수 있다. 드디어 무왕이 정벌에 나섰다. 백이와 숙제는 도탄에 빠진 백성을 구제하려는 두 번째 역성혁명의 가치를 제대로 이해하지 못하고 외려 이를 막으려 했다. 요즘 말로 하면 반혁명 세력이었던 셈이다.

백이, 숙제와 대척점에 놓인 인물이 강태공姜太公이다. 강태공 역시 주의 폭정을 피해 동해 바닷가에 숨어 살다가 문왕이 선정을 베풀자 주나라에 귀의했다. 강태공은 문왕에 이어 무왕 때까지 책사 노릇을 해 마침내 무왕의 역성혁명을 완성했다. 그 공으로 춘추전국시대 내내 강국으로 군림한 제나라를 하사받았다. 강태공보다 앞선 인물로는 상나라의 탕왕을 도와 첫 번째 역성혁명을 완수한 이윤伊尹을 들 수 있겠다. 맹자는 이상할 정도로 강태공을 중요하게 다루지는 않았지만, 이윤에 대해서는 상당히 공을 들여 그 역할을 높이 평가했다.

무왕은 목야의 전투에서 대승을 거두며 혁명을 완수했다. 그리고 문왕의 덕을 이어받고, 아우인 주왕의 보필을 받아 새로운 왕조를 열었다. 공맹이 그토록 되살리고 싶어했던 여민적인 제도와 찬란한 문화가 주나라 시절 꽃피었다. 백이와 숙제는 군신의 의리 관계를 내세워 질곡에 빠진 현실을 갈아엎는 데 나서지 못했다. 한낱 은둔자적 성향을 보였을 뿐이다. 반면에 이윤과 강태공은 임금답지 않은 임금은 쫓아내거나 바로잡고, 어려움에 놓인 백성은 구제하겠다는 소명 의식을 품었다.

역사를 뒤바꾼 결정적인 순간에 참여하지 못한 백이와 숙제는 수양산에 들어가 고사리를 캐어 먹다가 그조차도 주나라 땅의 소산이라며 먹지 않고 굶어 죽었다. 이를 들어 청렴하고 개결하다고만 평가해서야 되겠는가. 새로운 시대정신을 좇지 못한 지적 게으름, 자기를 희생해 세상을 구제하려는 호연지기의 부족으로 볼 수도 있겠다 싶다. 루쉰과 마오쩌둥도 뜻을 같이한다. 루쉰은 소설 「채미采薇(고사리 캐기)」에서 백이와 숙제를 신랄하게 풍자한다. 그 까닭을 두고 중문학자 김민호는 두 인물이 나라를 버리고 낡은 구질서와 구도덕을 고수하면서 환상 속에 빠져 현실에서 도피한 인물이라 보았기 때문이라 평했다. 마오쩌둥은「잘 가시오, 스튜어트 선생!」에서 당의 한유가「백이송」을 지어 백이를 높이 평가한 것을 비판했다. 백이는 인민을 책임지지 않고 자신의 안위만을 위해 도망쳐버린 자이며, 또 주무왕이 이끈 '인민 해방 전쟁'에 반대한 '민주 개인주의' 사상을 지닌 자였기 때문이다.[5] 맹자가 공자 다음가는 성인으로 이윤, 백이, 유하혜를 꼽으면서도 백이를 특정하여 "마음이 좁다[隘]"[3:9]고 평한 것도 같은 이유이지 않을까 싶다.

인륜, 관계성의 철학

공맹 철학을 일관되게 관계론석 관점에서 해석한 이가 배병삼이다. 관계론은 먼저 인간은 본래적으로 자연과 관계를 맺고 있다는 점을 강조한다.[1] 이를 달리 말하면, 생태적 삶의 원형이 공맹 철학에 담겨 있다는 것을 뜻한다. 공자는 낚시질하여 물고기는 잡되 그물질은 하지 않았고, 주살질(주살은 '실을 매어놓은 화살'이란 뜻으로, 쏜 화살을 다시 거두어들이려고 고안되었다)하되 잠자는 새는 잡지 않았다.논어 7:26

맹자는 차등애를 말하며 친친(친족에 대한 사랑), 인민(사람에 대한 사랑), 애물(동식물을 아낌)의 순으로 사랑의 마음을 확산하라 하였는데, 사랑의 농도는 비록 약해지지만 측은지심이 자연에 이르러야 한다고 했다. 공맹은 유소불위有所不爲의 미덕을 알았다. 하지 않음이 있는 삶이 자연과 관계를 맺으면, 근대와 달리 자연을 지배와 착취의 대상으로 삼지 않는 법이다. 이 같은 생태적 삶은 공맹이 성왕으로 추켜세운 탕임금에게서 확인할 수 있다. 어느 날 탕이 출타했다가 들에서 그물 치는 백성을 만났다. 그 사람은 사면 전체에 그물을 치고는 하늘 아래 사방의 모든 것이 내 그물로 들어오라고 축원했다. 이를 보고 탕은 "헐, 다 잡으려고 하다니!"라고 한탄하면서 그물의 삼면을 거두게 하고서는 "왼쪽으로 가려는 것은 왼쪽으로 가게 하고, 오른쪽으로 가려는 것은 오른쪽으로 가게 하소서. 단지 내 명령을 듣지 않는 것들만 내 그물에 들어오게 하소서"라고 축원했다.「사기」「은본기」

관계론의 두 번째 의미는 다른 사람과 더불어 살아가는 존재라는 뜻이다. 사람은 사회적인 동물로 태어났다. 공자는 끊임없이 내가 실체가 아니라 관계가 진리라는 점을 일깨웠다. 그러기에 복례復禮라, 더불어 관계 맺는 인간의 본래적 모습으로 되돌아가야 한다.[2] 신정근 역시 유학은 관계적 존재를 강조한 철학이라 했다. 개인은 자연적·사회적 역할에서 독립된 존재가 아니라, 그런 역할을 많이 맺으면 맺을수록 사람이 되어간다고 보았다. 인간은 관계적 존재relational being인 것이다.[3]

서양도 근대 이전에는 관계론적 관점이 강했다. 널리 알려져 있듯 아리스토텔레스는 인간을 정치적 동물이라 정의하였다. 인간은 사회의 구성원이며 공동체의 일원으로서 전체의 부분이라 여겼다. 개인은 원자적 존재가 아니라 사회적 존재로 태어난지라 그 존재 목적은 자신이 아니라 타인 및 공동체의 생존이 된다.[4]

신영복은 『강의』에서 유럽 근대사의 구성 원리는 존재론이고, 동양의 사회 구성 원리는 관계론이라고 말했다. 존재론은 개별적 존재를 세계의 기본단위로 삼는다. 개인이든 집단이든 국가든 개별적 존재의 운동 원리는 자기강화다. 부단히 자기 증식 운동을 하는 자본의 특성과 닮은꼴인 셈이다. 관계론은 배타적 독립성과 개별적 정체성에 주목하지 않고 최대한 관계성을 존재의 본질로 규정한다.[5] 관계론이 지향하는 궁극적 가치는 인성의 고양이다. 여기서 말한 인성은 인간관계이고, 인성을 고양한다는 것은 인간관계를 인간적인 것으로 만든다는 뜻이다. 좋은 사람은 좋은 사회, 좋은 역사와 함께 만들어진다.[6]

맹자, 인륜을 말하다

공맹에게 관계성의 철학을 상징하는 낱말은 윤倫이다. 이 낱말의 구성 원리를 살펴보면 흥미로운 점을 알 수 있다.

倫 자는 人(사람 인) 자와 侖(둥글 륜) 자가 결합한 모습이다. 侖 자는 둥글게 말아놓은 죽간竹簡을 그린 것으로 '둥글다'라는 뜻이 있다. 옛사람들은 세상은 돌고 도는 것으로 생각했다. 내가 인륜을 저버리면 언젠가는 나에게 불행으로 돌아올 것이고 반대로 내가 '도리'를 지킨다면 언젠가는 나에게는 좋은 일로 되돌아올 것이라 믿었다. 倫 자는 그러한 의미가 반영된 것으로 '둥글다'라는 뜻을 가진 侖 자를 응용해 우리가 사는 세계에서의 도리와 윤리를 뜻하고 있다.[7]

윤에는 관계와 순환의 의미가 있다. 먼저 관계성을 보자. 벼슬을 살지 않는 것은 의롭지 않은 일이다. 어른과 아이 사이의 예절을 폐지할 수 없듯 임금과 신하 사이의 의로움을 어떻게 폐지하겠는가. 만약 폐지한다면 자기 몸을 깨끗이 하려다가 중대한 인륜을 어지럽히는 일이 되고 만다.논어 18:7 은둔자를 만난 자로가 한 말이다. 여기서 알 수 있듯 관계를 맺고 있는 어른과 아이 사이, 군주와 신하 사이에 요구되는 덕목이 윤이다. 한 개인이 독자적·원자적 존재가 아니라 관계망에 놓여 있다는 것을 공자는 임금일 경우에는 임금다워야 하고 신하일 경우에는 신하다워야 하며[君君臣臣], 아비일 적에는 아비답고 자식이라면 자식다워야 한다[父父子子]라는 말로 설명한 바 있다.논어 12:11 이 관계에 필요한 덕목(이를 일러 윤리倫理라 한다)은 임금이 되어서는 인자함[仁], 신하가 되어서는 공경함[敬], 자식이 되어서는 효성스러움[孝], 부모가 되어서는 자애로움[慈]이다.『대학』전 3장

순환성에 대해서는 맹자가 말했다. "나는 이제야 남의 어버이를 죽이는 짓이 얼마나 중대한 일인지 알겠다. 내가 남의 아버지를 죽이면 남도 또한 내 아버지를 죽이고, 내가 남의 형을 죽이면 남도 또한 내 형을 죽인다."14:7 비록 윤의 정의로 이 말을 한 것은 아니나, 더불어 살아가는 공동체가 유지되기 위한 최소한의 윤리강령이 '내가 저지른 일은 내게 되돌아온다'는 원리를 인정하는 데 있다는 점을 확인해주었다.

관계성의 칠학은 맹사에 이르러 인륜人倫이라는 말로 꽃핀다. 맹자는 고대의 역사부터 짚는다. 요임금 시절에는 천하가 혼란스러웠고, 홍수가 나 천하에 범람했다. 초목이 무성하고 금수가 번식했다. 오곡은 익지 않고 금수가 사람에게 달려들었고 짐승과 새의 발자국이 나라 한가운데 뒤섞였다. 요임금이 이 상황을 걱정하여 순을 등용하여 다스리게 했다. 순은 각 분야에 현능한 이를 기용하였다. 익에게 불을 맡겼는데, 산과 못에 불을 놓으니 금수가 도망가 숨었다. 우는 범람하는 황하에 아홉 개의 물길을 내고, 황하의 지류인 제수와 탑수를 뚫어 바다로 흐르게 했다. 더불어 여수와 한수를 트고 회수와 사수를 배수하여 양자강으로 흐르게 했다. 이러고 나서야 온 나라

가 먹고살게 되었다.5:4

후직后稷은 백성에게 농사법을 가르쳐서 오곡五穀을 심고 가꾸게 하니 곡식이 익자 인민이 잘 길러졌다. 이 인물을 주목할 필요가 있으니, 주나라의 시조가 되었기 때문이다. 후직의 아버지는 제곡이고 어머니는 강원이었다. 강원이 들에 나가 거인의 발자국을 보고 기뻐하여 그것을 밟았더니 임신하였단다. 아이를 낳았지만 상서롭지 못하다며 좁은 골목에 버렸으나 지나가는 마소가 밟지 않았고, 숲에 버렸으나 갑자기 사람이 많이 몰려들고, 도랑의 얼음 위에 버렸으나 날짐승이 날개로 덮어주었다. 어머니가 신기하게 여겨 데려와 길렀는데, 아이를 버렸다고 해서 기棄라는 이름을 얻었다. 어릴 적부터 놀이로 삼과 콩을 잘 키웠는데, 성인이 되자 농사를 더 잘 지었다. 순임금이 기의 공을 높이 쳐주어 태邰에 봉하고 희씨姬氏 성을 내렸다.「사기」「주본기」

사람에게는 도리가 있는데 배불리 먹고 따뜻하게 입으며 편안히 거처하기만 하고 가르침이 없으면 금수에 가까워진다. 성인이 이를 근심하시어 설을 사도司徒로 삼아 인륜을 가르치게 했다.5:4 이 대목은 『서경』에도 나온다. 순이 말했다. 설이여! 백성이 서로 화목하게 지내지 않고 오품五品을 지키지 않고 있소이다. 그대를 사도로 삼으니 오교五敎를 펴서 인심을 너그럽게 하시오.「서경」「순전」『서경』에는 오품이나 오교의 내용이 무엇인지 나오지 않는데, 『사기』에는 그 흔적이 남아 있다. 순임금이 팔원을 기용하여 사방에 오교를 베풀게 하니 아비는 의롭고[父義], 어미는 자애롭고[母慈], 형은 우애롭고[兄友], 동생은 공손하고[弟恭], 아들은 효성스러워[子孝] 내외 모두 태평스러웠다고 한다.「오제본기 제순」

모든 기록에서 공통된 점은 항산의 조건을 먼저 갖춘 다음, 반드시 항심을 키우도록 했다는 사실이다. 카오스의 시대를 코스모스의 시대로 전환하여 항산이 이루어지자 곧바로 더불어 사는 공동체에 요구되는 윤리를 가르쳤다. 맹자는 순임금이 이를 인륜이라 했다면서 그 내용을 전해준다('오륜'이라는 말은 맹자가 하지 않았다. 명나라 신종宣宗이『오륜서五倫書』를 편찬하면서 이 말을 처음 사용하였고, 뒤를 이은 영종英宗이 이 책을 적극적으로 보급하면서 오륜이라는 말이 널리 쓰였다).

인간이 맺는 다섯 관계

인륜의 첫 번째는 부자간의 친밀함[父子有親]이다. 아버지와 자식 사이에는 친밀함이라는 덕목이 필요하다는 뜻이다. 인륜에서 부자 사이가 맨 먼저 나왔다는 것은 상당히 중요하다. 유가에서 부자는 천륜天倫 또는 천합天合이라 하여 절대 그 관계를 끊을 수 없다. 부자 관계가 끊겼다는 말은 가정이 파괴되었다는 뜻이다. 그 원인은 가혹한 정치와 전쟁 탓이다. 맹자는 세금에는 공세·조세·부역이 있는데, 이 가운데 두 가지 세금을 백성에게 물리면 굶주려 죽는 백성이 생기고, 세 가지를 다 쓰면 부모와 자식이 헤어진다[父子離]고 경고했다.14:27 장성한 자식이 모내는 철에 가족을 떠나 전장에 나가면, 전쟁터에서는 그 자식이 죽고, 늙은 부모는 추위에 떨고 굶주리며, 형제와 처자식은 헤어져 흩어지고[離散] 만다.1:5

왕도를 펼쳐야 백성은 가족관계를 유지할 수 있다. 패도가 자행되면 가족은 이산한다. 이산의 결과는 사회 안전망에서 벗어난 환과고독의 상태다. 그 결과는 무참한 죽음일 뿐이다. 이런 끔찍한 상황이 2300년 전에만 일어난 것이 아니다. 오늘날에도 경제위기가 일어나면 수많은 가정이 파탄 나고, 그 결과 노숙자가 대량 발생하고 마침내 고독사가 흔한 일이 되어버리고 만다. 그런 점에서 어느 시대나 가정은 한 사회가 평화의 시대인가 환란의 시대인가를 구별하는 리트머스시험지다. 더불어 가족의 재건은 환란의 시대가 평화의 시대로 전환되는 신호탄이다.

이 관점에서 호메로스의 『오디세이아』를 읽어보면 흥미로운 점을 발견하게 된다. 전쟁이 끝난 지 10년이 되었는데 귀환하지 않는 아버지를 위해 지극히 주술적 모험을 떠났던 아들텔레마코스, 권력과 부를 한꺼번에 쥐기 위해 끊임없이 유혹하고 겁박하는 구혼자에 맞섰던 페넬로페, 여신이 영생과 쾌락을 주겠다고 했으나 거절하고 귀향의 모험에 나선 오디세우스가 한결같이 목표로 삼았던 바가 무엇이었는가? 궁극에는 '가족의 복원'이었다. 호메로스는 전쟁에서 평화로 전환되는 길은 아킬레우스가 추구했던 불멸의 명예가 아니라[8] 이산하였던 가족구성원의 재회에 있다고 보았던 셈이다.

오늘 우리에게 가정은 가부장적 이데올로기가 작동하는 억압의 공간으로 인식되는 면이 있다. 양육될 때야 어쩔 수 없으나, 독립할 수 있다면 박차고 나가야 한다는 강박마저 있다 싶다. 봉건시대는 물론이고 억압적인 개발독재 시대 우리의 가정이 그런 측면이 있었다는 점은 부정할 수 없으나, 유가에서 말한 가정의 본디 의미는 다시 검토해볼 필요가 있다. 맹자는 전쟁의 시대가 결과한 혼란을 극복할 대안으로 가족의 복원을 내세운 것이다.

특히 주목할 점은, 타고난 측은지심이 발휘되는 최초의 공간을 가정으로 보았다는 점이다. 짐승도 어미가 자식을 사랑한다. 짐승과 인간이 구별되는 특징은 자식이 부모를 섬길 줄 안다는 점이다. 맹자는 가족관계에서 몸에 익힌 부모와 자식 사이에 꽃핀 사랑의 마음을 사회와 국가, 그리고 온 세상으로 확충하고자 했다. 그러니 가족에는 경제적 곤궁에서 벗어나고 폭력에서 개인을 방어하는 안전망의 가치만 있는 것이 아니다. 사람다움을 배양하고 보존하여 세상을 화목하게 만드는 풀무이기도 하다.[9] 이제 부자유친의 가치를 재평가해야 한다. 가부장적 지배가 아니라 친밀함으로 넘치는 가정이 된다면, 굳이 누가 가정에서 해방되길 바라겠는가.

둘째는 군신간의 의로움[君臣有義]이다. 임금과 신하는 의로운 관계를 맺어야 한다는 것이다. 만약 임금이 의롭지 않으면 어떻게 되는가? 부자는 천합이요, 군신·부부·붕우는 의합義合이다. 의합은 시쳇말로 하면 계약관계를 뜻하는지라, 그 관계를 끊을 수 있다. 주자도 군신은 의합하였으니, 도가 합하지 않으면 신하는 떠나간다고 했다.「맹자집주」 군주가 신하 보기를 자신의 팔과 다리처럼 여기면, 신하는 군주 보기를 자기 심장이나 배같이 대할 것이다. 군주가 신하 보기를 흙이나 풀[土芥]처럼 천하게 여기면, 신하 또한 군주 보기를 원수처럼 볼 뿐이다.8:3 역성혁명도 그래서 가능하다. 셋째는 부부 사이에는 구별이 있다[夫婦有別]이고, 넷째는 어른과 아이 사이에는 질서가 필요하다[長幼有序]이며, 다섯째는 친구 사이에는 신뢰가 중요하다[朋友有信]는 것이다.

배병삼은 이른바 오륜의 특징을 상호 관계와 호혜성에 있다고 힘주어 말했다. 부모가 자식에게 일방적으로 효를 강요하거나, 임금이 신하에게 일방적으로 의로움을 강제하거나, 남

편이 아내를 일방적으로 차별하는 것이 아니라는 말이다. 특히 오륜을 조건문으로 해석하면서 각 항목의 앞자리에 있는 지위는 권력을 누리는 수혜자가 아니라 관계의 책임자요, 실행의 선도자라는 탁견을 밝혔다. 군신유의는 군주가 의로움을 먼저 실천하면 신하가 따라 한다는 말이다. 만약 군주가 의롭지 못하면 신하는 그 관계를 끊고, 신하가 불의하면 파면된다. 부자유친의 '부父', 부부유별의 '부夫', 장유유서의 '장長' 역시 솔선수범의 윤리적 책무가 주어진 자리다.[10]

상호성과 호혜성으로 보면, 부부유별의 별別은 차별을 뜻하지 않는다. 이 별은 '구별되고 특별하므로 서로를 각별하게 대해야 한다',[11] 배우자와 배우자 아닌 사람의 구별로 '배우자 아닌 다른 사람과 특별한 관계를 맺지 않아야 한다',[12] '남성과 여성의 차이를 인정하고 여기에 맞게 처신하자는 부부간의 행동규범'[13]으로 해석할 수 있다. 만약 부부유별의 미덕이 지켜지지 않으면 부부관계는 해소되는가? 당연하다. 부부관계도 의합이다. 공맹 시절에도 이혼의 자유가 보장되었다. 장유유서도 통념과 다르다. 형과 아우, 또는 윗사람과 아랫사람이 서로를 존중해야 한다는 의미가 된다. 붕우유신에 대한 해석에도 새로운 시각을 열어주는 일화가 있다. 2012학년 서울교육대학교 입학시험에 '오륜을 설명한 후 스승과 제자의 관계가 어느 항목에 해당한다고 생각하는지 말하라'는 문제가 출제되었는데, 정답을 맞힌 수험생이 거의 없는 것으로 알려졌다. 답은 붕우유신이다.[14] 스승과 제자는 불교에서 말하는 도반道伴(함께 도를 닦는 벗)에 해당한다. 세계적인 베스트셀러 작가인 파울로 코엘류도 같은 생각인 모양이다. 한 작품에서 그는 스승과 제자는 함께 여행하는 친구일 뿐이라고 했다. 스승과 제자의 차이는 단 하나인데, 스승이 덜 두려워할 뿐이란다.[15]

순임금이 설에게 가르치라 한 인륜은 인간이 맺는 관계를 다섯 가지로 나누고, 그 관계를 잘 작동시킬 수 있는 덕목을 밝힌 것이다. 가정에서 맺는 관계가 있고(부자, 부부), 사회생활을 하면서 맺는 관계가 있는데(붕우, 장유, 군신), 각 관계를 잘 운영하는 데 필요한 미덕이 '친, 별, 신, 서, 의'다. 다시 한번 강조하지만, 윤리는 관계를 맺고 더불어 살아가야 하는 인류에게 요구되는 최소한의 이치를 이를 뿐이다. 문제는 맹자가 말한 인륜을 상호성과 호혜성으로 해석하지 못한 관행이다. 부자유친은 자식의 효를 일방적으로 강제하는 것으로, 군신유의는 임금이 신하에게 충성을 강요하는 것으로 이해해왔다. 배병삼은 그 이유가 삼강三綱에 있다고 주장했다.

삼강은 군위신강君爲臣綱, 부위자강父爲子綱, 부위부강夫爲婦綱이다(삼강이라는 낱말과 그 기본 정신은 한나라의 동중서가 말했지만, 그 세부 항목을 명확히 한 것은 『예기』의 위서인 『함문가슬文嘉』로 알려졌다). 강은 벼리를 뜻하는 것으로, 주인 노릇을 한다고 풀이하면 될 성싶다. 임금은 신하의 주인이고, 아비는 아들의 주인이며, 남편은 아내의 주인이라는 말이다. 삼강에서 두 가지를 알 수 있는데, 먼저 맹자의 인륜과 순서가 거꾸로 되었다는 점이다. 가정에서 비롯해 나라에 이르렀던 인륜은, 그러니까 가정을 친밀하게 만들었던 미덕이 확충하여 국가에 이르고 마침내는 천하에 다다랐던 동심원적 확산 구조는, 국가의 통치 이데올로기가 가족 윤리로 수렴되는 구조로 뒤바뀌었다.

두 번째는 인륜과 달리, 삼강은 일방적이고 수직적이며 계급적인 데다 불평등하다는 점이다. 기실 우리가 아는 유교, 그러니까 공자가 죽어야 나라가 산다는 식의 고정관념은 삼강의 논리다. 원시 유학은 인륜의 구조였다. 인륜이 삼강에 압도되면서 원시 유학의 진보성은 퇴색하였고, 통치 이데올로기로 전락했다.[16]

『맹자』에 나온 인륜은 『중용』에서 변용되어 나타난다. 『맹자』와 마찬가지로 다섯 가지 관계를 말하는데, 장유 대신 형제 관계를 뜻하는 곤제昆弟가 들어갔다. 그리고 이 다섯 가지 관계가 요구하는 덕목으로 지인용智仁勇을 들었다. 이를 일러 오달도五達道 삼달덕三達德이라 한다. 「중용」20장

관계론적 가치의 회복

신영복은 존재론이 유럽 근대사의 특징이라 했다. 이 말은 근대 이후 동서양 전체가 존재론의 지배를 받게 되었다고 바꾸어야 한다. 근대는 자본의 무한한 자기 증식을 특징으로 한다. 자연과 공동체와 밀접하게 관계 맺은 중세적 인간을 개인화·원자화한 것은 자본의 요구다. 자본의 본원적 축적 과정에서 인간은 본토와 아비의 집을 떠나(거주 이전의 자유) 세습된 농노라는 신분에서 노동자로 전환(직업 선택의 자유)했다. 자본주의의 계급관계는 자연과 전통, 혈연과 맺은 관계성의 파괴에서 비롯하였다.

이처럼 근대성은 관계론적 존재를 존재론적 존재로 바꾸는 과정이다. 푸코의 『광기의 역사』나 『감시와 처벌』은 개인화·원자화한 인간을 훈육과 규율을 통해 자본이 원하는 노동하는 인간으로 바꾸는 과정을 복원해놓은 것이다. 자연과 공동체와 맺은 관계가 끊어지게 되면 두 가지 현상이 나타난다. 요즘 자주 입에 오르는 '코먼스commons'라는 개념처럼, 공동의 것(땅, 강, 숲)이 상품이 되어버린다. 또 하나는 불안이 엄습하게 된다. 관계론적 존재는 전통적인 가치를 삶의 좌표로 삼았다. 어떻게 살아갈지 예측 가능했다는 말이기도 하다. 루카치가 『소설의 이론』에서 말했듯 별이 빛나는 창공을 보며 갈 수가 있고 또 가야만 하는 길의 지도를 읽을 수 있던 행복한 시대였다. 하지만 근대적 개인이 탄생하면서, 루카치의 말을 비틀면, 가야 할 길을 비춰주던 별이 사라졌다. 재일 정치학자 강상중이 나쓰메 소세키를 들어 반복적으로 말하는, 자의식의 과잉에 따른 불안의 원인이 여기에 있다. 그렇다면 오늘 우리가 원시 유학에 다시 관심을 기울여야 하는 이유가 명확해진다. 존재론의 폐해를 극복하는 대안으로 관계론을 비판적으로 복원할 필요가 있기 때문이다. 신영복이 동양사상은 과거의 사상이면서 동시에 미래의 사상[17]이라고 말한 이유이기도 하다. 그런 측면에서 『맹자』에 나온 인륜을 현대적 관점에서 해체해 재구성할 필요가 있다. 배타적 독립성과 개별적 정체성의 철학에서 벗어나 오늘에 걸맞은 관계론의 철학을 펼쳐야 한다는 뜻이다.

신정근은 우리 시대에 걸맞은 새로운 오륜을 제안했다. 먼저 가족을 경계로 나와 남을 나누지 않고 개인과 개인이 서로 다가가서 사이가 긴밀해지는 인인유친人人有親, 두 번째는 자본주의 경제활동에서 핵심적인 역할을 담당하는 노동자와 사용자 사이에서 지켜져야 할 기본적인 도리로서 노사유의勞使有義, 세 번째는 생산자인 기업의 사회적 책임과 윤리 경영을 강조하고, 소비자는 환경과 인권을 고려하는 윤리적 소비를 하자는 소생유경消生有敬, 민간과 정부는 공동선을 위한 공동 기획자이자 상호 견제자로서 호혜적 활동을 해야 한다는 민관유혜民官有惠, 끝으로 세계평화를 위해 국가간 신뢰를 높이자는 국국유신國國有信이다.[18] 개인적으로는 가정에서는 사랑[仁], 직장은 합리[理], 국가와는 의로움[義], 세계와는 평화[和], 지구 또는 자연과 맺는 관계는 공생[共]이 우리 시대의 인륜이 되어야 하지 않을까 싶다.

정답은 없다. 중요한 것은 무한 욕망을 부추기는 존재론의 시대를 끝장내고, 관계론의 세상을 다시 열어야 한다는 데 있다. 아니면, 우리는 여섯 번째 멸종의 장본인이 되고 말 운명이다. 이제, 『맹자』에 나온 인륜을 바탕으로 우리 시대에 필요한 관계성의 미덕이 무엇인지 고민해보자. 새롭게 구성한 인륜이야말로 파국적 위기에 놓인 나와 국가, 그리고 인류를 구원할 마지막 비상구이다.

맹자는
사회주의자인가?

전호근 교수가 쓴 『맹자-우리는 어떤 동치사를 원하는가』의 서문을 보면 무척 흥미로운 이야기가 나온다. 전 교수가 오래전 한 시민단체에서 『맹자』를 강의하다가 수강생한테 사회주의자 아니냐는 비난을 받았다고 한다. 당황했을 터인데, 전 교수는 내가 아니라 맹자가 사회주의자인 모양이라고 눙쳤노라 하면서 그 비난이 『맹자』 읽은 보람을 안겨주어서 외려 좋았다고 회상했다. 웃기기도 하고(맹자마저 색깔론의 희생양이 되다니!) 슬프기도 한(모든 걸 이념의 잣대로 재어 평가하려는 이 천박함이라니!) 이야기지만, 언제든지 일어날 수 있는 일이다 싶다. 아무런 사전 정보 없이 『맹자』 강의를 들었다면, 진도가 나갈수록 당혹스러웠을 터다. 아니, 유가 철학이 어찌 이토록 사회적 약자와 소수자를 돌봐야 한다는 말을 하는가? 통치자에게 어찌 이토록 도전적이라는 말이냐? 이거 혹시 강의하는 사람이 맹자의 본의를 '좌파적으로' 왜곡하는 것은 아닌가 하며 의심할 법하다.

여민 체제를 꿈꾼 맹자는 오늘의 시장자유주의자가 보았을 때 무척 불온한 사상가다. 다른 무엇보다 홀로 된 무리, 즉 환과고독을 먼저 보살펴야 한다고 하지를 않나, 왕은 백성의 부모[爲民父母]이니 궁핍한 상황에 놓인 백성을 위해 왕의 창고를 열어 구휼해야 한다고 촉구하는 대목을 보면, 오늘의 시장주의를 전면으로 부인하는 듯싶다. 복지국가, 기본소득을 주장하는 무리와 별반 다르지 않아 보이기도 한다. 주원장처럼 지배적 사유에 거슬리는 내용을 『맹자』에서 빼겠다고 마음먹는다면, 대체로 이런 대목을 검열하지 않을까 싶다. 옛적에는 권력자의 역린을 건드린 패도와 독재에 대한 저항을 삭제했다면, 오늘에는 시장경제에 반하는 내용을 빼버리고 싶어 할 거라는 말이다. 이제 맹자는 '복지'라는 말만 나오면 알레르기 반응을 보이는 세력에게 '빨갱이'가 되어버릴 운명인 모양이다. 그런데 정말 그러할까?

맹자는 시장주의자다

등문공滕文公이 인정을 베풀자 망명객이 등나라에 몰려들었다. 그 가운데 대표적인 인물이 초나라 출신인 허행이다. 진상陳相은 송나라에서 온 망명객인데, 본디 공자 사상을 좇다가 등나라에서 허행을 섬기게 되었다. 진상이 맹자를 찾아와 도전적인 질문을 던진다. 진상은 원시공동체적 생활을 하는 허행을 높이 평가했다. 그러면서 임금이 어찌 직접 농사를 지으면서 통치를 하지 않느냐고 비판했다가 맹자한테 맹공을 당했다. 허행의 무리는 농사를 지으면서 신발을 삼고 자리를 짰다. 문제는 이들이 필요한 다른 물건을 사려고 생산품을 시장에다 내다 팔았다는 점이다. 교환의 장으로서 시장의 가치, 그리고 분업의 효율성을 인정하면서도 어떻게 통치의 전문성은 인정하지 않느냐는 게 맹자의 견해였다. 이 대목에서 그 유명한, 통치자를 뜻하는 '노심자勞心者', 노동하는 사람을 가리키는 '노력자勞力者'라는 말이 나온다. 이미 통치와 피통치가 분리될 정도로 사회가 성장했고, 각자의 역할을 제대로 해야 사회가 잘 운영되던 시대였다.

진상은 물건의 가격 문제를 놓고 맹자에게 '진상'을 부렸다. 베든 명주든 길이가 같으면 가격이 같아야 한다, 기장·수수·조·보리·콩 같은 오곡도 되가 같으면 가격이 같아야 한다, 신발도 크기가 다르더라도 값이 같아야 한다는 것이다. 이에 맹자는 강력하게 반론을 펼친다. 시장에 나와 있는 물건은 균등하지 않은 법이다. 같은 물건이라도 질적 차이가 무려 천 배, 만 배 난다. 그런데 이를 무시하고 값을 같게 하겠다는 건 시장 질서를 무너뜨리는 행위다. 생각해보라, 거칠게 짠 신발과 곱게 짠 신발 가격이 같다면, 누가 고운 신발을 삼겠는가.5:4 맹자는 상품의 질적 차이에 따른 가격차를 인정했고, 수요와 공급에 따른 가격 변동을 시장의 중요한 기능이라 판단했다. 진상이야말로 반反시장주의자였으니, 자급자족과 고정가격제를 주창했다.

만약 맹자가, 그리고 맹자 사상을 오늘에 되살리려는 사람을 보고 '빨갱이'라고 공격한다면, 큰 실수를 저지르는 게 된다. 이른바 빨갱이는 생산수단의 사회화, 계획경제의 실시, 시장에 대한 전면 통제 등을 내세운다. 하지만 맹자는 오히려 시장의 순기능을 강조하면서 허행으로 상징되는 과거 회귀적인 경제관에 일침을 놓았다. 맹자는 정치의 주요한 역할 가운데 하나가 시장 활성화에 있다고 보았다. 노심자는 노력자의 생산물을 유통하고 사업을 교환하여[通功易事] 남은 물자를 부족한 곳에 채워야 한다. 만약 이 일을 등한히 하면 농부에게는 남아서 버리는 곡식이, 여자에게는 남아서 버리는 삼베가 있게 된다. 시장 질서가 무너지면 천하의 질서가 어지럽혀진다.

반면에 이 일을 잘 해내면 목수와 수레 만드는 사람까지 넉넉하게 살아갈 수 있다. 시장 제도를 잘 활용하여 백성의 삶을 풍요롭게 해야 하는 법이다.6:4

맹자가 시장의 역할과 기능을 정확히 이해하고 있었다는 것은 전국시대에 이미 분업화가 촉진되었고, 생산력이 엄청나게 높아졌으며, 시장이 활성화했다는 사실을 짐작게 한다. 전호근은 전국시대에 생산력이 급격하게 성장했음을 강조했다. 철제 농기구 제작, 이랑재배와 우경牛耕, 관개수로 발달, 새로운 교통수단 개발 등 과학기술의 발전 덕이었다.[1] 배병삼도 같은 입장이다. 새로운 제철 기술의 발달로 농업생산력이 높아지고 시장이 확대되었으며, 상공업이 발전하는 것은 물론 각 분야의 기술 혁신이 이루어졌다.[2] 그 결과 각국의 요충지에 상업 중심 도시가 흥성했고, 상공업 관련 세금이 국가 재정에서 차지하는 비중이 컸다. 이런 사실에 비추어볼 때 전국시대의 전쟁은 상공업 요충지를 획득하려는 '경제 전쟁'이었다는 관점이 있는데, 일리 있는 주장이다.[3] 짧은 역사 상식으로도 상업 발달과 시장의 활성화, 그리고 상인 세력의 비대해진 영향력은 금세 눈치챌 수 있다. 전국시대를 종결하고 통일 시대를 연 진시황의 '스폰서'가 여불위인 점은 널리 알려졌다. 여불위는 양책의 큰 상인으로, 여러 곳을 오가며 싸게 사서 비싸게 팔아 집에 천금을 쌓아두었던 인물이다.「사기」「여불위열전」

맹자는 시대 상황을 정확히 꿰뚫어 보았다. 폭발적인 생산력 증진을 바탕으로 시장을 활성화하여 국가의 부가 늘어나면, 이를 바탕으로 "생존 불가능한 여건을 생존 가능한 상태로 바꿔주고, 이를 토대로 인간으로서의 삶을 가능케 해주는 국가의 기본이 되는 사회보장제도"[4]인 항산을 가능케 할 인정을 펼칠 수 있다고 보았다. 그래서 맹자는 시장 활성화 정책을 강력하게 권한다. 시장에서 점포의 자릿세만 받고 상품세는 물리지 말고, 팔다 남은 상품은 나라에서 사주고, 세관에서 감독만 하고 관세를 면제해주라고 했다.3:5 이 정도면 맹자는 빨갱이가 아니라, 외려 강력한 시장 옹호주의자라 할 법하다.

맹자는 시장 만능주의자가 아니다

주의할 점이 있다. 맹자는 시장 만능을 외치는 신자유주의자는 분명히 아니다. 『맹자』는 고사성어의 보고다. 조장助長, 연목구어緣木求魚, 불감청고소원不敢請固所願 같은 성어가 『맹자』에서 비롯했다. 그 가운데 오늘 우리 정치의 후진성을 보여주는 성어로 널리 쓰이는 낱말이 『맹자』에 있다. '국정농단'이라 할 적의 바로 그 농단壟斷이다. 옛적에 시장에서는 주로 물물교환이 이루어졌다. 사람들은 자신이 시장에 가지고 나온 것을 자신에게 없는 것과 맞바꾸었다. 관리는 주로 시장에서 일어나는 분쟁을 해결할 뿐 개입하지 않았다. 어느 날 한 사내가 깎아지른 언덕[壟斷]에 올라가 좌우를 살펴보고서는 시장의 이익을 쓸어갔다고 한다. 짐작건대, 높은 데 올라 이리저리 살펴 목 좋은 곳을 선점해 이익을 독점했거나, 사람이나 물건의 많고 적음을 파악하여 싼 물건을 비싸게 팔아 폭리를 취했던 모양이다. 사람들은 이를 더러운 짓이라 여겼고, 상인에게 세금을 거두게 되었다.4:10 농단은 언덕이라는 본디 뜻에서 부당한 방법으로 취하는 이익 독점이라는 말로 바뀌었다.

맹자는 시장의 순기능을 인정하고 활성화를 위한 대책을 마련했지만, 시장 논리에만 충실하면 독점 현상이 나타나고, 이는 상당히 많은 문제를 낳게 되리라 보았다. 그래서 시장의 자율성을 인정하되, 정부가 시장의 실패를 보완하기 위해 시장에 개입하는 것을 옹호했다. 잊지 말자. 맹자는 왜 이익만을 말하느냐, 인의를 내세워야 하는 법이라고 외쳤던 사상가다. 자유방임의 시장경제는 반드시 '시장의 실패'라는 폐단을 낳게 마련이다. 경제학자 이근식은 시장의 실패 사례로, 첫째 불공정한 분배와 이에 따른 빈부격차와 빈곤의 확대, 둘째 불황과 대량실업, 셋째 독과점의 심화, 넷째 국방이나 치안 같은 공공서비스가 포함된 공공재의 공급부족, 다섯째 공해 같은 외부효과 등을 들었다.[5] 맹자가 농단한 사내를 비천한 놈[賤丈夫]

이라 부른 이유를 짐작할 수 있다. 이익 독점이 시장의 실패를 초래하여 국가를 혼란에 빠뜨린다 본 것이다.

　시장을 바라보는 세 가지 시선이 있다. 케인스주의나 복지 국가론은 시장에 대한 정부의 적절한 개입을 주장한다. 하이 에크가 주창한 신자유주의는 정부가 시장에 개입하는 것을 격렬하게 반대한다. 사회주의는 아예 정부가 시장을 장악해 계획경제, 또는 통제경제를 실시한다. 인류 지성은 시장을 어떻게 다룰 것인가를 놓고 골머리를 앓았다. 사회주의는 현실에서 실패했으니 제외됐다. 그러면 적절한 개입이냐, 완전한 방임이냐만 남는다. 맹자는 분명하게 시장의 실패를 해소하기 위해 정부가 개입해야 한다고 말했다. "시장은 인정하되 시장에 대한 통제를 통하여 시장이 낳는 부정적인 점을 예방하고 또 해결하는 시장에 대한 공적 통제 체제를 추구"하는 이념을 사회민주주의라 한다.[6] 맹자는 빨갱이가 아니라 사회민주주의자다.

　그러니 맹자를 설명하다 색깔론을 펼치는 천장부를 만나면, 크게 웃으면서 말할 일이다. 맹자는 당신도 부러워하는 스웨덴이나 노르웨이 같은 북유럽형 복지국가 건설을 추구한 사회민주주의자였소라고. 아, 아니다. 사회적 약자와 소수자를 배려하고 시장의 실패를 '교정'하기 위해 정부가 적극 개입하는 정책을 옹호하는 걸 일러 굳이 빨갱이라 한다면, 기꺼이 빨갱이가 되어야겠다. 그게 여민 세상을 꿈꾼 맹자의 뜻을 오늘에 되살리는 일이니 말이다.

새로운 시대는

저절로 오지 않는다

니관중의 『삼국지』 첫 단락에는 역사를 바라보는 옛사람의 관점이 진하게 배어 있다. 내용인즉, 예부터 천하대세란 나뉜 지 오래면 반드시 합쳐지고, 합쳐진 지 오래면 반드시 나뉘어지는 법이라고 했다. 주나라 끝 무렵에 일곱 나라로 나뉘어 다투다가 진으로 통일되었고, 진이 망한 다음에는 초와 한이 다투다가 한으로 통일되었다. 통일과 분열의 반복적 순환이 역사법칙이라고 본 셈이다.

『도덕경』에는 되돌아감이 도의 운동 방향[反者道之動]이라는 말(40장)이 나온다. 동양철학자 이석명은 우주와 자연의 운행 현상이 이를 뒷받침한다고 풀이했다. 우주의 팽창과 수축, 지구의 자전과 공전, 사계절의 순환, 밀물과 썰물, 낮과 밤의 반복 등이 반_反의 구체적 사례다. 인생사 역시 생로병사와 길흉화복의 순환에서 확인할 수 있듯 반의 원리가 작동한다.[1] 25장에서도 순환의 원칙이 확인된다. 크면 뻗어 나아가고 뻗어 나아가면 아득히 멀어지며 아득히 멀어지면 다시 돌아온다 [大曰逝 逝曰遠 遠曰反]. 외부로 계속 확장해나가다 보면 더는 갈 곳이 없는 궁극의 지경에 이르는데, 이곳에 이르면 결국 다시 돌아오게 마련이다. 동양 전통의 순환적 세계관이 반영된 사유라고 이석명은 풀이했다.[2]

근대인의 역사관은 다르다. 역사학자 오항녕은 근대 역사학의 특징을 진보 사관이라 했다. 이 사관은 근대사회가 이전 시대와 비교할 적에 진보한 사회라고 여긴다. 이를 일러 근대주의라 하며 사실과 가치의 측면에서 근대를 목적론적으로 도달해야 할 시대로 본다. 먼저 사실의 측면에서는 어느 사회나 적절한 과정을 거쳐 그곳으로 갈 수밖에 없다고 본다. 헤겔이 세계사의 발전과정을 자유의 확대라 본 것, 역사가 법칙적으로 발전해 공산제에 이를 것이라 본 마르크스의 관점을 대표적인 사례이다. 가치의 측면에서는 근대가 자유, 평화, 인권의 실현에서 이전 시대보다 훨씬 바람직한 시대라고 여긴다.[3]

한 번 다스려지면 한 번 어지러워지고

맹자도 역사를 바라보는 독특한 관점을 밝혔다. 일치일란一
治一亂이라, 한 번 다스려지고 한 번 어지러워진다고 했다. 평
화의 시기와 혼란의 시기가 갈마든다고 본 것이다.『삼국지』
나『도덕경』에 나온 순환적 역사관이다. 맹자의 역사의식을
살펴보면 이렇다.

요임금 시대에 대홍수가 발생해 도성에 뱀과 용이 넘쳐나
사람들이 살 터전이 없어졌다. 낮은 지역에 살던 사람은 나무
위에 둥지를 틀었고, 높은 지역에 사는 사람은 굴을 파고 살았
다. 역사에 나온 첫 번째 난亂이다. 요임금이 우를 시켜 홍수를
다스리게 했다. 땅을 파고 물을 흘러가게 하여 뱀과 용을 늪지
대로 내쫓았다. 그제야 사람들이 평지에 살게 되었으니 첫 번
째 치治다.

요와 순이 죽자 성인의 도가 쇠락하여 폭군이 잇따라 나와
백성의 삶이 피폐해졌다. 엎친 데 덮친 격으로 바르지 못한 학
설과 포악한 행동이 일어났고, 주왕에 이르러서는 천하가 다
시 혼란스러워졌으니, 두 번째 난이다. 주공周公이 무왕을 도와
주왕을 징벌하자, 천하가 크게 기뻐했다. 두 번째 치다. 그 이
후 세상이 쇠하고 도가 미약해져서 삿된 학설과 폭정이 일어
났다. 신하가 군주를 시해하고, 자식이 아버지를 해쳤다. 세 번

째 난이다. 이에 공자가 이 난의 시대를 두려워하여 『춘추』를 지었다. 세 번째 치다. 공자 이후 성왕이 나오지 않으니 제후가 방자해지고 삿된 학설이 터져 나왔다. 특히 양주와 묵자의 학설이 널리 퍼졌다. 양주는 자신만을 위하니 군주가 없다. 풀이하면, 양주의 사상을 좇으면 극단적 이기주의가 넘쳐나 무한경쟁의 늪에 빠진다. 사회적 약자와 소수자를 보호할 길이 없게 된다. 묵자는 겸애를 말하니 아버지가 없다. 풀이하면, 천합과 인합을 동일시하면 의롭지 못한 군주에 맞설 논리적 기반이 무너진다. 패권과 독재의 길로 접어들고 만다. 이런 부정한 학설이 백성을 속여 인의의 바른길을 가로막는다. 네 번째 난이다.6:9

맹자가 말한 일치일란의 역사관은 성왕이 왕도를 베풀면 천하가 태평해지나, 일정한 시기가 지나면 그 도가 쇠약해져 폭군이 나타나고 삿된 이론이 횡행하는 난세가 되고, 그때가 지나면 다시 성왕이 나타나 태평성대를 구가하는 패턴이 반복된다는 것이다. 여기서 주목할 대목은 난의 시기에 폭정과 함께 삿된 학설이 나타난다고 본 데에 있다. 맹자는 난의 시대를 사는 자신의 시대적 소명이 바로 이 삿된 학설과 맞서는 데 있다고 밝혔다. 공자가 '춘추필법'이라, 엄하게 선악을 나누고 대의명분을 밝힌 관점으로 『춘추』를 완성하자 반란을 일으킨 신하와 불효자가 두려워했으니, 이 전통을 이어 맹자 자신도 인심을 바로잡아 삿되고 황당한 학설을 쫓아내고 잘못된 행실을 막아내겠노라고 다짐했다.6:9 세계를 근본적으로 바꾸는 데는 그 어떤 일보다 '이론투쟁'을 통해 미래를 열 새로운 세계관이 인민의 동의를 폭넓게 받는 일이 급선무라 보았던 셈이다. 맹자의 이런 사고는 역사적으로 입증된다. 세계 혁명사를 살펴보면 통념과 달리 이론투쟁에서 선편을 잡고 나서 권력투쟁에서 성공한 사례가 많다. 로크의 팸플릿이 널리 읽히고 나서 영국의 명예혁명이 일어났다. 프랑스대혁명은 루소의 철학이 크게 호응을 얻은 덕에 가능해졌다. 마르크스가 널리 인정받은 후에야 러시아혁명이 일어났다. 한때 케인스의 명성에 가려졌던 하이에크가 끝없이 이론투쟁을 벌이고 학계에서 지지 세력을 넓혀 이른바 '시카고학파'를 세운 데까지 이르고 난 다음 신자유주의라는 보수 혁명이 일어났다.

일치일란의 또 다른 특징은 그 순환의 주기를 500년 단위로 잡았다는 점이다. 요순에서 탕임금의 출현까지 500년 걸렸고, 탕 이후 문왕이 나타나기까지 역시 500년의 세월이 흘렀으며, 문왕부터 공자까지는 또한 500년이 걸렸다.14:38 이 500년마다 왕자가 반드시 일어나고 현자도 출현했다.4:13 요순은 신화의 시대인 만큼 그 시기를 확정할 수 없더라도, 탕임금부터는 역사시대로 그 기록이 남아 있어 맹자의 500년설을 확인할 수 있다. 탕임금은 기원전 1600년경 상을 개국했고, 문왕은 기원전 1100년경 주나라를 세웠다. 물론 요순과 탕과 무에 대한 평가는 다르다. 요순은 본성대로 행하였고[性之]^{성지}, 탕무는 이를 체현했다[身之]^{신지}.13:30 배병삼은 이 구절을 이렇게 풀이했다. 요순은 타고난 인의예지의 덕성을 펼친바, 억지로 하지 않고도 잘 다스린 무위의 정치를 펼쳤다. 폭군이 등장하면서 요순의 왕도가 훼손되었는데, 탕과 무는 역성혁명을 거쳐 이를 회복했다. 무너지고 파묻힌 진리를 드러내었기에 신지라 했다.[4] 요순을 더 높이 친 것이다. 다른 곳에서 맹자는 요순은 타고난 천성 그대로였고, 탕무는 본성으로 회복했다고 했는데,14:33 같은 뜻이다.

근대 서양의 역사관과 달리 동양의 역사관이 순환론이었다는 점은 한편으로 오늘의 우리에게 위로와 격려가 된다. 물질문명이 발전하는데도 왜 세상은 더 나빠지냐고 묻는다면, 그런 사고야말로 진보 사관의 덫에 걸린 것이기 때문이라고 말할 수 있다. 세상은 절대 직선적으로 발전하지 않으며 물질적 풍요가 반드시 태평성대를 약속하지도 않는 법이다. 평화의 시기가 있다면 이어서 혼란의 시기를 겪게 마련이고, 그 시기를 거쳐 다시 평화의 시기가 올 뿐이다. 지금이 평화의 시기라면 다가올 혼란을 경계하고 대비해야 하며, 혼란의 시기라면 평화의 시기를 실현하기 위해 맞서 싸워야 한다. 또한, 순환 사관을 받아들일 때에야 비로소 역사의 교훈을 되새김질하게 된다. 역사를 공부한다는 것이 무슨 뜻이겠는가. 오늘 우리가 겪는 불합리한 문제를 해결한 경험이 지난 역사에 있으니, 이를 거울삼아 해법을 찾자는 것일 테다.[5] 만약 진보 사관만을 받아들인다면, 역사를 공부할 이유가 없을지도 모른다. 옛 경험은 다 후진 것이니, 배울 바 없다고 여길 공산이 크다.

500년마다 오는 대전환의 시기

맹자의 500년 주기설은 세계체제론으로 명성을 떨친 이매뉴얼 월러스틴의 관점과 유사하다.[6] 월러스틴의 세계체제는 근대 세계체제로서 자본주의를 분석한 이론적 틀이다. 체제는 연결된 전체로, 그 자체의 작동에 대한 내부 규칙과 지속성이 있는 것을 뜻한다.[7] 이 체제에는 패턴이 있다. 체제는 태어나고, 몇 가지 규칙에 따라 오래 존속한다. 체제가 자신을 평형상태로 돌려놓는 메커니즘을 내장하고 있기 때문인데, 내재한 모순을 해결하려는 노력의 결과 '장기 지속'하게 된다. 하지만 구조적 위기를 맞이하면 그 체제는 평형상태로 되돌아갈 수 없다.[8] 체제의 틀 내부에서 해결 불가능한 어려움을 겪어서다. 월러스틴은 이를 체제적 분기라 했다. 이 상황이 되면 체제는 더 존속하지 못하고 역사적 이행의 순간을 맞이한다. 모든 체제는 탄생하고 성장하고 유지되지만, 마침내 몰락한다는 점에서 '역사적' 체제이다.

월러스틴은 역사적 체제가 놓인 구조적 위기의 시대가 500년마다 한 번씩 찾아온다고 보았다.[9] 이 같은 관점에서 월러스틴은 지금 인류가 고통을 겪는 이유는 500년에 이른 현존 세계체제가 또 다른 체제로 이행하는 시기에 놓여 있기 때문이라고 분석한다. 바로 이 점이 맹자의 500년 주기설과 일치하는 대목이다. 특히 월러스틴이 역사적 이행기가 사느냐 죽느냐 차원에서 진행되는 투쟁의 시대로 지상에 생지옥이 펼쳐질 것이라 말한 대목에서[10] 전국시대의 대혼란을 목도한 맹자를 떠올리게 한다.

500년 주기설은 혼란의 시기에 종지부를 찍어야 한다는 맹자의 속내를 드러내기도 한다. 맹자가 살던 시기는 주나라 이래 700여 년이 지났다. 햇수로 치면 왕도가 펼쳐져야 마땅한 시기가 지난 지 오래다.4:13 그의 500년 주기설이 크게 흔들렸다. 그런데 이 사실은 오히려 전쟁과 패도의 정치가 끝나고 평화와 왕도의 정치가 펼쳐질 결정적 전환의 시기가 임박했다는 말이 된다. 공자부터 따지면 고작 100년이 흘렀을 뿐이다. 성인의 말씀이 여전히 살아 있고, 이를 따르면 오늘의 혼란을 끝장낼 수 있다. 어둠이 깊다는 것은 갓밝이가 가까워졌다는 징표다. 땅을 새롭게 개간할 필요도 없고, 인구를 늘릴 필요도 없다. 나라는 강성해졌고 경제는 발전했다. 하지만 학정이 펼쳐져 백성의 삶은 도탄에 빠졌다. 단지 인정을 베풀면 곧 천하를 통일할 수 있다.3:1 체제가 정상적으로 작동할 적에는 구조적 결정력이 개인과 집단의 자유의지를 능가한다. 하지만 이행기에는 자유의지가 중심이 된다. 새로운 세계는 꿈꾸고 만드는 대로 되는 법이니, 우리의 주체성과 헌신 그리고 도덕적 판단에 전적인 권한이 주어졌다.[11] 맹자는 월러스틴이 변혁적 시공간이라 부른 바로 그 역사적 순간에 자신이 서 있다는 점을 인식했다.

그런데 왜 아직 새 시대가 열리지 않을까? 이 조급증을 두고 맹자는 다만 하늘이 아직 천하를 생화로 이끌지 않아서인가 보다고 짐작한다. 조심할 것은 이게 비관론이 아니라는 점이다. 이 말에 이어 맹자는 만약 하늘이 천하를 평화롭게 하겠다면, 이 일을 맡을 사람이 나 말고 또 누가 있겠냐고 단언한다. 그래서 맹자는 도탄에 빠진 현실을 바라보면서도 울적해 하지 않았다.4:13 역사적 소명을 자임한 사람에게 어울리는 감정이 아니잖은가. 그리고 삿된 학설을 퍼트리는 자에 맞서 크게 논쟁을 벌이는 이유도 밝혔다. 타고난 '싸움닭'이어서가 아니라 여민 체제를 구축하는 데 가장 중요한 덕목이 인의에 있음을 널리 알리기 위해서다. 부득이해서 논쟁을 마다하지 않는 것이니, 양주와 묵자를 논파한다면 가히 성인의 후예라 할 만하다6:9고 자부했다.

맹자의 500년 주기설을 한낱 수비학數秘學으로 몰아세워서는 안 된다. 역사에 대한 궁구를 통해 얻어낸 보편법칙을 바탕으로 현실을 근본적으로 변화시키고자 한 의지의 소산이라 보아야 마땅하다. 500년마다 평화의 시기가 왔는데, 700년이 지났건만 어찌 이 끔찍한 세상이 끝나고 새로운 세상이 열리지 않느냐고 개탄하고 분노하는 것은, 지금 이곳에서 뜻을 모아 함께하면 여민 체제를 이룰 수 있다는 강한 의지의 표현이다. 그러니 맹자야말로 '하람비harambee'한 삶을 살았다고 평가할 만하다. 1950~60년대 케냐 민족운동의 구호로 "힘을 모아 해보자"는 뜻이란다.[12]

칼날 위를 걷기보다

어려운 길

말빌 세고, 님 잘 골리고, 그런데 권력자한테 귀여움 받는 사람이 있다. 흔히 보기 어려운 캐릭터인데, 순우곤이 그런 인물이었다. 순우곤의 삶은 『사기 열전』에 잘 나와 있다. 박학다식했으나 전문적으로 공부한 분야는 없다. 익살스럽고 변설에 능하기도 했다. 상대의 뜻과 안색을 잘 살폈다. 그렇다고 광대나 간신으로 지레짐작해서는 안 된다. 사신으로 갔을 적에 굽히거나 욕되게 행동하지는 않았다. 제나라가 자랑한, 일종의 왕립 아카데미인 직하학궁을 대표하는 학자이기도 했다.「맹자순경열전」

그 순우곤이 맹자를 만나 시비를 걸었다. 남녀가 물건을 주고받을 적에 손이 닿지 않아야 예가 아니겠냐고 물었다. 맹자가 당연하다고 했다. 그러자 맹자를 도덕적 딜레마에 빠트리는 질문을 던진다. 제수가 물에 빠졌다고 치면 손을 잡아야 하느냐, 잡지 말아야 하느냐? 맹자는 우물쭈물하지 않았다. 그런 상황인데도 손을 잡지 않으면 한낱 승냥이일 뿐이다. 남녀가 물건을 주고받을 때 손이 닿지 않는 것은 예禮이고, 제수가 물에 빠졌을 때 손 잡아주는 것은 권權이라고 맞받아쳤다.7:17

유학이라고 하면 좋든 나쁘든 완고하고 융통성 없다는 이미지가 강하다. 남녀가 함부로 손을 잡지 않아야 한다면, 설혹 제수가 물에 빠졌더라도 내 아내가 아닌 마당에 손을 잡아서는 안 된다고 했으리라 짐작하기 십상이다. 하나 맹자는 그런 통념을 보기 좋게 박살 낸다. 사람 목숨보다 위중한 것이 어디 있겠는가. 낯모르는 여인이더라도 위험하면 손 내밀어야 마땅하거늘, 하물며 제수라면 한낱 예라는 허울에 빠져 모르쇠 잡을수는 없는 법이다. 도그마에 빠진 원리주의자가 아니라 상황에 맞게 적절하게 행동할 줄 알아야 진정한 유자라는 뜻이다.

이 대화에 나온 권은 저울추를 뜻한다. 옛날에는 저울[衡형] 반대쪽에 권을 달고 좌우로 옮기면서 중심을 잡아 사물의 무게를 쟀다.¹ 권이 '헤아리다'라는 뜻을 갖게 된 이유다. 주자는 상황을 저울질하여 중도中道를 얻는 것이 바로 예禮라고 말했다.「맹자집주」 중도에 대한 설명에는 정이천의 비유가 적절하다. 방의 중은 대청마루다. 그런데 집의 중은 대청마루가 아니라 안방이다. 나라 전체로 보면 안방이 아니라 나라의 한가운데가 중이 된다.「맹자집주」 중도는 고정된 것이 아니라 상황에 따라 바뀔 수 있다.

균형을 지키는 삶

공자야말로 양극단에 휘둘리지 않고, 그렇다고 산술적 평균이나 타협 또는 야합의 함정에 빠지지 않는 삶을 살았다. 군자는 곧지만 하찮은 신의에 얽매여 분별없이 굴지 않는다[貞而不諒]논어 15:36 했다. 주자는 '량諒'을 시비를 가리지 않고 약속에만 기필하는 것이라 풀이했다.「논어집주」 맹자도 비슷한 말을 했다. 대인은 말하되 반드시 지키려 하지 않으며, 일하되 반드시 성과 내기를 기약하지 않는다. 오직 의를 따를 뿐이다.8:11 이런 말을 이해하는 데 도움이 되는 사건이 『사기』「공자세가」에 기록되어 있다.

공자가 포蒲를 지날 때 마침 공숙씨公叔氏가 반란을 일으키는 바람에 포 사람들이 공자를 막았다. 제자 공양유公良孺가 차라리 싸우다 죽겠다며 드세게 저항했다. 이에 포 사람들이 두려워하며 공자에게 위衛나라로만 가지 않겠다면 풀어주겠다고 했다. 이에 공자가 맹세하자 풀어주었다. 그런데 공자가 맹세를 어기고 기어이 위나라로 갔다. 평소 공자의 언행일치를 잘 알던 자공은 놀라서 맹세를 어겨도 되느냐고 물었다. 공자는 강요된 맹세는 신도 듣지 않는다고 대답했다[要盟也^{요 맹 야} 神不聽^{신 불 청}].

군자는 천하에 꼭 해야만 할 것도 없고, 반드시 하지 말아야 할 것도 없다. 다만 의를 기준으로 삼을 뿐이다.논어 4:10 고정불변의 원칙이 있어 어떤 상황에서도 이를 반드시 지키는 율법적 행동이 올바른 삶은 아니다. 의로운 이치를 저울추로 삼아 상황에 맞게 적절하게 행동해야 한다. 아무리 맹세를 했더라도 강요에 따른 것이라면 지키지 않아도 된다.

공자는 예의 기본 정신에 맞으면 시대 변화에 따르기도 하지만, 맞지 않다면 아무리 유행하더라도 이를 따르지 않았다. 권의 본보기를 보인 셈이다. 본디 삼베로 짠 모자가 예에 합당했다. 그런데 오늘에는 명주로 짠 모자를 쓴다. 싸고 좋으니 시대를 따랐다. 어른을 뵐 때 마루 아래에서 절을 올려야 한다. 그런데 지금은 흔히 마루 위에서 인사를 한다. 방만해 보이는지라 따르지 않았다.논어 9:3 공자가 노나라를 떠날 적에는 "더디도다, 내 발걸음이여"라고 했다. 조국을 떠나는 길이었기 때문이다. 제나라를 떠날 적에는 밥을 지으려고 담갔던 쌀을 건져 들고 떠났다. 남의 나라를 떠나는 마당이니 서둘렀다.14:17 내가 태어나고 자란 고국이 더 잘되길 바라는 마음은 인지상정이다. 안타까운 마음에, 그리고 임금의 회심回心을 기다리며 더디게 떠났다는 말이다. 공자는 늘 그러했다. 빨리 떠나야 하면 빨리 떠나고, 오래 머물 만하면 오래 머물렀다. 또한 은둔할 만하면 은둔하고, 벼슬할 만하면 벼슬했다. 맹자는 공자가 일관되게 지킨 시중時中의 삶을 높이 평가해 성지시자聖之時者라 평하며 최고의 성인으로 추켜세웠다.10:1

권이나 시중은 중용中庸을 뜻한다. 신정근은 중中을 문자적 의미에서는 중심·균형·중립·비편향성이라 보았고, 실질적 의미는 실체적 근원(형이상학)·공정성(도덕철학)이라 했으며, 실천의 측면에서는 시중으로 현실 적합성이나 적절성을 뜻한다고 밑했다. 용庸은 관세의 측면에서는 쎵범성과 일상성을, 성품의 측면에서는 습관이나 동일한 대상에게 행위 패턴이 안정적으로 지속되는 것을 뜻한다고 풀이했다.[2] 이를 정리하면, 중용은 그 당시의 사정이나 요구에 아주 알맞은 시의적절時宜適切, 어느 한쪽으로 치우치지 않는 균형 상태인 불편불의不偏不倚, 지나침과 미치지 못함이 없는 무과불급無過不及 을 뜻한다.

미국의 동양철학자이자 비교철학자인 로저 에임스와 데이비드 홀은 중을 초점focus 또는 균형equilibrium이라 풀이했다. 용은 조화와 균형을 이루는 장소, 즉 매일의 일상생활을 가리킨다.[3] 두 지은이는 이 같은 해석을 바탕으로 중용을 '일상사에서 계속 초점을 맞추면서 균형잡기에 지속적으로 관심을 기울이는 것focusing the familiar affairs of the day'으로 풀이한다.[4] 중용이 산술적 평균이나, 평균적 중간을 뜻하지 않는다는 점에서 상황에 따라 초점을 새롭게 맞추어야 한다는 풀이는 설득력 높다.

극단의 시대에 걸어야 할 길

유가 철학에서 중용의 중요성은 두루 확인된다. 요임금이 성왕 정치의 고갱이를 순에게 전해주면서 반드시 그 가운데를 꽉 잡아야 한다[允執其中]고 했고,논어 20:1 공자가 순임금을 일러 지혜롭다 하면서 그 이유를 사태의 두 극단을 다 고려하고서 그 것의 한가운데를 백성에게 사용한 데 있다고 했다.「중용」 6장 사람의 마음은 위태롭고 도의 마음은 점차 희미해진다. 오로지 정밀하게 살피고 한결같이 지켜 진실로 한가운데를 붙잡아야 한다.「서경」 「대우모」 순이 우임금에게 선양하면서 한 말이다. 성왕의 계보를 밝히면서 맹자는 탕임금의 미덕이 중용[執中]에 있다8:20고 했다.

물론 현실에서 중용적 삶을 사는 군자를 만나기는 어렵다. 그래서 공자는 중용의 도를 지키는 사람을 얻어 함께 사귈 수 없다면 차라리 열정적인 사람[狂者]이나 고지식한 사람[狷者]과 함께하겠다고 했다. 광자는 진취적이고, 견자는 하지 않는 바[有所不爲]가 있는 사람이다.논어 13:21 이 말에 대한 상세한 풀이는 『맹자』에 나온다. 공자의 말을 인용하자 만장이 광자의 특징이 무엇이냐고 물었다. 맹자는 마음에 품은 뜻은 드높지만 말하는 바가 미처 몸에 익지 않은 이를 일컫는다고 했다. 오늘로 치면 운동권 대학생을 떠올리면 될 성싶다. 견자는 깨끗하지 않은 짓을 탐탁잖게 여기는 이라 했다. 매사 깐깐한 남산골 샌님을 떠올리면 될 듯하다. 단, 맹자는 광자가 견자보다 낫다고 평가했다.14:37 이 내용을 바탕으로 공자가 그리워한 중용적 삶을 사는 군자를 유추해볼 수 있겠다. 광자처럼 만용을 부리지 않고, 견자처럼 고집이 세지 않아야 한다. 물론 상황에 따라 용맹하면서도 원칙을 지키는 태도를 보여야 한다. 역시 시중적 태도가 강조된다. 맹자는 광자와 견자를 비웃으며 세태에 아첨하는 자를 향원鄕原이라 하며 맹렬히 비판했다. 공자 역시 향원을 덕을 해치는 도적이라 비판한 바 있다.논어 17:13 향원은 겉으로는 충직하고 청렴해 보이나 실제는 세상의 풍속과 타락한 사회에 영합하는 사이비 지식인이라 하겠다.14:37

맹자는 중용의 개념을 더 정밀하게 파헤쳤다. 집중한다고 해서 마냥 중용일 수 없다는 점을 강조했다. 노나라의 현인으로 알려진 자막子莫은 중간을 잡았다. 얼핏 도에 가까운 듯하나 가운데만 붙잡고 저울질함[權道]이 없으니, 한쪽을 고집한 셈이다. 하나만을 잡는 것을 미워하는 까닭은 그것이 도를 해치기 때문이다.13:26 초점을 한가운데 맞춘다고 해서 중용이 아니다. 상황마다 일마다 초점은 바뀐다. 중간은 초점을 고정하는 것이요, 권도는 초점을 다시 맞추는 것이다. 집중하되 권도[執中用權]해야만 참된 중용이라는 말이다.

맹자가 걷는 중용의 길은 철학사적 대결을 뜻하기도 했다. 양주는 자신만을 위하는 자라 천하를 이롭게 할 수 있는 일이라 해도 제 몸의 터럭 하나 뽑아내지 않을 사람이다. 묵자는 겸애를 내세워 천하를 이롭게 할 수 있다면 정수리를 갈아 발꿈치에 이르더라도 이를 실행한다.13:26 한쪽은 극단적인 이기주의요, 다른 한쪽은 극단적 이타주의다. 전국시대야말로 극단의 시대였으며, 극단이 환호받는 시대였다. 맹자는 집중하되 권도하는 길을 걸었다. 이기주의에 맞서 이타주의를 외쳤지만, 차등애를 강조했다. 주자는 위아는 인을 해치고 겸애는 의를 해친다 했다.「맹자집주」 성선을 확충하지 않기에 위아의 길은 옳지 않다. 인을 해친다. 내 아버지와 남의 아버지를 같이 사랑한다는 말은, 남의 아버지의 대표격인 임금이 설혹 불의의 길을 걷더라도 충성해야 한다는 말이 된다. 의를 해치고 만다. 두 극단 사이에 난 소롯길, 그리고 이미 공자가 밟고 걸은 이 길이 아니면 아무리 미사여구로 장식하더라도 결국은 이익의 철학으로 전락하고, 그 결과 백성의 삶은 도탄에 빠진다. 중용으로서 인의의 길을 가야만 여민 세상이 비로소 가능하다고 믿었던 셈이다.

아리스토텔레스가 말한 중용도 입때껏 살펴본 바와 유사하다. 아리스토텔레스는 우리 영혼에서 감정, 능력, 품성 상태가 생겨난다고 본다. 덕은 품성 상태인데, 이 상태는 감정을 두고 제대로 태도를 취하거나 나쁘게 취하는 것을 뜻한다. 일례로 분노와 관련해서 너무 지나치거나 느슨하면 나쁜 태도를 취하는 것이며, 중용적이라면 제대로 태도를 취한 것이 된다. 다른 예로 용감을 보자. '비겁'과 '무모'라는 악의 상태가 있고, 비겁과 무모의 양 끝에 대하여 중간인 상태인 '용감'이라는 중용이 있다.

중용은 흔히 중간으로 생각히는데, 두 가지로 나누어 볼 수 있다. '대상에 있어서의 중간'은 각각의 끝에서 같은 거리만큼 떨어진 것을 말한다. 산술평균적 중간이다. '우리와의 관계에서의 중간'은 너무 많지도 않고 너무 모자라지도 않은 것을 이른다. 친절한 아리스토텔레스, 예를 들어 설명했다. 만약 어떤 선수에게 10므나(1므나는 약 431그램)의 음식물이 먹기에 많고 2므나는 적다고 해서 훈련 담당자가 6므나를 처방하지는 않는다. 크로톤 출신의 유명한 레슬링 선수로 대식가인 밀론에게는 적은 양이지만, 운동을 막 시작한 선수에게는 많은 양이기 때문이다. 매사 지나침과 모자람을 피하고 중간을 추구하며 이를 선택해야 하는 법이다. 결국 아리스토텔레스는 중

용 안에서 합리적 선택을 하는 품성 상태가 덕이라고 주장한 셈이다.[5]

　반드시 걸어야 할 길이 중용이지만, 가장 어려운 길이 중용이기도 하다. 한 발짝만 잘못 내디뎌도 극단의 나락으로 떨어지고 마는 가파르고 좁은 길이기에 그렇다. 그래서 "중용의 덕은 지극하건만, 세상에서 사라진 지 오래구나!"_{논어 6:27}라는 탄식이 나온다. 또한, "천하와 국가를 고루 공평하게 할 수 있다. 작위와 월급을 받지 않을 수 있다. 시퍼렇게 날 선 칼날을 밟을 수도 있다. 그러나 중용의 삶은 완전히 실행할 수는 없노라!"_{『중용』 9장}는 한탄이 나온다. 그럼에도 공자와 맹자는 이 길을 걸었다. 비록 기우뚱거리겠지만, 그 칼날 같은 길을 되짚어 걸어가야 하는 것이 우리에게 주어진 소명일 테다.

장례를
둘러싼 논쟁

옛날 옛날 아주 먼 옛날에는 부모님이 돌아가셔도 장례식
을 치르지 않았다고 한다. 돌아가시면 그 주검을 그냥 구덩이
에 내다버렸다. 사람이 되어 어찌 그럴 수 있느냐고 흥분하지
말자. 아주 먼 옛날 이야기라고 했지 않은가. 그 먼 옛날, 어느
사내도 남들이 해오던 대로 부모의 시신을 구덩이에 던져놓았
다. 평소 사람이 다니지 않는 산기슭에 구덩이를 팠더랬다. 그
러다 피치 못할 사정이 있어 그 산을 타고 넘어가야 했다. 내
키지는 않았지만, 어쩔 수 없었다. 길을 찾아 산기슭에 접어들
자 그만 못 볼 꼴을 보았다. 수풀을 헤치며 가다 부모의 시신
을 버린 구덩이를 지나가게 된 것이었다. 상상이 된다. 그 사
내, 아마도 벼락 맞은 듯 화들짝 놀라 그 자리에 못 박혀버리

고 말았을 것이다. 여우와 살쾡이가 부모의 시신을 파먹고, 파리와 등에가 시신에 달라붙어 빨아먹고 있었을 터다. 충격받은 그 사내의 이마에는 식은땀이 솟았고, 그 장면을 도저히 똑바로 볼 수 없어 곁눈으로 보았을 터다. 가던 길을 내처 갈 수는 없었다. 서둘러 집으로 돌아가 삼태기와 들것을 가져와 흙을 퍼담아 구덩이에 던져놓은 주검을 덮었다. 부모의 주검이 함부로 훼손된 장면을 차마 못 본 척할 수 없는(불인인지심!) 자식의 지극한 사랑의 마음, 이것이 장례의 기원이다.5:5

자식 된 도리로 땅을 파고 관에 주검을 넣어 장례를 치르는 것이 문제 될 리 없다. 절장節葬(장례 의식을 검소하게 치름)이냐 후장厚葬이냐가 논란거리였다. 포문을 연 것은 묵자였다. 장례 치르는 데 너무 많은 돈과 시간이 걸린다며 비판의 날을 세웠다. 특히 "후장구상厚葬久喪(죽은 이의 장례를 융숭히 치르고, 상 치르는 기간을 길게 함)을 인의요, 효자가 할 일"이라 보는 무리를 비판했으니,「묵자」「절장 하」 실제로 유가를 정면 조준했던 셈이다. 묵자가 보기에 세 치 두께 관으로 족히 시체를 썩힐 수 있고, 옷 세 벌로 추한 것을 충분히 가릴 수 있다. 관을 묻을 적에는 아래로는 물에 닿지 않게 하고, 위로는 냄새 나지 않게 하고, 봉분의 크기는 세 사람이 나란히 밭을 갈 정도면 된다. 죽은 자를 이미 묻고 나면 산 자는 반드시 곡을 오래 하지 말고 빨리 생업에 종사해야 한다.「묵자」「절장 하」

묵자가 절장을 주장한 이유는 어디에 있을까? 묵자 보기에 후장은 재물을 많이 묻는 것이고, 구상은 일을 오래 금하는 것이 된다. 재물을 묻어버리고 살아갈 길을 오래 금하니, 이래서는 부유해질 리 없다. 후장구상을 하면 국가가 부유하기를 바라더라도 외려 무척 가난해지고, 인민이 수가 많아지길 바라더라도 외려 대단히 적어진다. 국가와 백성의 이익에 이바지하려면, 처음부터 절상節喪해야만 하니, 죽은 자와 산 자의 이로움을 모두 잃지 않는다.「묵자」「절장 하」 절장이냐 후장이냐를 둘러싼 논쟁도 역시 인의냐 이익이냐는 논쟁의 다른 버전일 뿐이다.

묵자는 장례를 죽은 어버이를 떠나보내는 자식의 진정한 효심이 발휘되는 의식 절차로 보지 않았다. 거기에 소용되는 비용과 걸리는 시간이 국가의 부와 생산성을 낮춘다고만 보았다. 적은 돈으로 장례를 치르고 이른 시간에 생산 현장에 돌아가는 것이 개인이나 국가 차원에서 이익이었다.『묵자』「절장」은 개발독재 시대, 박정희가 "관혼상제의 허례허식을 없애 낭비를 억제하고 절차를 간소화하여 건전한 사회 기풍을 진작"할 목적으로 제정한「가정의례준칙」과 비교해볼 만하다.「가정의례준칙」은 전통적 의례를 간소하게 치르도록 강제하고 산업현장으로 빨리 복귀하는 걸 목적으로 삼았다. 묵자와 박정희는 닮은꼴이다. 군사 집단, 독재, 발전 논리를 강조했다는 점에서, 그러니까 인의보다 이익을 앞세웠다는 점에서 말이다.

물론 당시에 장례가 지나치게 화려했다는 점은 인정할 만하다. 제후의 경우, 곳간을 비운 다음 금옥과 구슬 장식으로 시신을 두르고 실끈으로 동여매어 수레와 말을 무덤 구덩이에 묻었다. 또 반드시 장막과 휘장, 솥과 그릇, 책상과 깔자리, 술병과 물대야, 우모 깃대와 상아 서혁을 많이 마련하고 거두어 묻은 뒤라야 만족했다.『묵자』「절장 하」 문제는 공자가 이런 후장을 지지하지 않았다는 사실이다.

공자를 위한 변명

공자가 장례를 중요시한 것은 사실이다. 효의 구체적 실천 방안으로 살아계실 적에는 섬기기를 예에 걸맞게 하고, 돌아가시면 장사와 제사를 예에 맞춰 지내야 한다고 했다.논어 2:5 그런데 그 장례를 묵자의 비판대로 허례허식으로 가득한 후장을 치러야 한다고 말한 적은 없다. 오히려 일상에서 공자는 후장을 반대했다. 아들 리鯉가 죽었을 적에 공자는 검소하게 장례를 치렀으니, 관棺(시체를 담는 속 널)만 있었고 곽槨(널을 넣기 위해 따로 짜맞춘 매장 시설)은 없었다.논어 11:7 또한 수제자 안연이 죽었을 적에 제자가 후장으로 치르겠다고 했을 때 이를 반대했다.논어 11:10 공자가 장례를 후장으로 치르지 않은 데는 예는 사치스러운 것보다는 차라리 검소한 것이 좋고, 상사喪事는 장례식을 잘 치르는 것보다는 차라리 슬픔에 젖는 것이 좋다논어 3:4는 가치관에서 비롯했다.

묵자가 비판한 후장에는 순장殉葬도 포함되어 있다. 천자는 순장을 목적으로 수백 명, 적어도 수십 명은 죽였고 장군이나 대부는 순장할 사람으로 많게는 수십 명, 적어도 여러 사람을 죽였다.「묵자」, 「절장 하」 하지만 이런 풍습은 공자와 전혀 관련이 없다. 진헌공이 기원전 384년에 순장제를 폐지할 정도로 이미 당대에 비판받던 풍습이다. 더욱이 공자는 사람을 직접 죽여 순장하던 풍습을 대신해 사람 형상을 본뜬 나무 인형을 묻는 행위에 대해서도 격렬히 비판했다.1:4

구상은 확실히 공자의 주장이다. 제자 재아가 삼년상(실제로는 25개월을 기한으로 잡았다)은 너무 길다며 스승에게 덤벼들었다. 군자가 3년 동안 예를 행하지 않고 음악을 연주하지 않으면 틀림없이 예와 음악이 무너진다고 했다. 세자가 3년이나 상을 치르면 권력 공백이 길어 국가 운영에 차질이 일어난다는 뜻으로 새기면 된다. 재아는 일년상을 제안했다. 유순한 공자가 이번에는 날카롭게 반응했다. 부모 돌아가신 지 3년이 지나기 전에 쌀밥 먹고 솜옷 입는 것이 편안하다냐며 재아를 몰아

부쳤다. 재아도 성깔을 부렸으니, 편안하다 답변했다. 이런 논쟁 과정에 감정이 상한 재아가 교실을 나가버리자 공자가 삼년상 치러야 하는 이유를 설명했다. 자식이 태어난 지 3년이 지난 후에야 겨우 부모의 품에서 벗어나니, 그 기간에 받은 사랑을 되갚자고 치르는 게 삼년상이라 했다.논어 17:21

　부모의 죽음을 애도하고 주위의 위안과 격려를 받아 마음을 추스르고 세상에 돌아와 생업에 종사해도 부모 잃은 슬픔은 좀처럼 가시지 않는 법이다. 심하게는 강박증이나 죄책감을 느끼기도 한다. 프로이트를 찾아온 엘리자베스라는 젊은 여성이 그 적절한 사례다. 그녀는 양쪽 다리에서 참을 수 없는 한기와 함께 심한 통증을 느꼈는데, 원인을 도통 알 수 없었다. 알고 보니 가족사에 큰 불행이 있었다. 아버지와 언니가 죽었고, 어머니는 수술을 받았다. 짐작하듯 아버지와 언니의 죽음이 이 통증과 깊은 연관이 있었다. 기실 프로이트는 혼자된 형부와 관련된 문제를 더 깊이 탐구했지만, 이를 제쳐두고 아버지 문제만 보기로 하자. 아버지가 쓰러진 다음 돌아가실 때까지 엘리자베스는 18개월이나 간병했다. 그러던 중 서로 연심이 있던 남성과 파티를 즐기고 집에 돌아왔는데, 아버지의 상태가 더 나빠졌더랬다. 간병하는 과정에서는 아버지가 부르는 소리를 듣고 침대에서 맨발로 차가운 방바닥에 뛰어내리고는 했다. 아버지가 투병 중인데도 행복감을 누렸다는 자책이

히스테리성 통증이 나타난 이유였다.[1] 부모가 돌아가시면 지극한 사랑으로 모시지 못했다는 죄책감이 강박증으로 나타나기도 한다. 그래서 부모 돌아가시면 자식이 죄인이라 하는지도 모른다. 삼년상으로 상징되는 구상 문제는 충분한 애도와 후회, 그리고 속죄의 기간이라는 관점에서 재평가될 필요가 있다.

맹자, 장례 때문에 곤란을 겪다

맹자가 맹활야하던 시절에는 묵자가 절대적인 영향력을 발휘했다. 그러다 보니 장례는 절장해야 한다는 게 하나의 시대정신이었다. 이를 거슬렀다가 맹자는 곤혹을 치른다. 어머님이 돌아가셔서 노나라에 가서 장례를 치르고 제나라로 돌아오는 길이었다. 스승께서 관곽 짜는 일을 감독하게 하셨는데, 이제 와서 생각해보니 사용한 나무가 지나치게 호사스러웠더라고 제자인 충우充虞가 조심스럽게 문제를 제기했다. 맹자의 답변이 간절하다. "그게 어디 보기에 아름답게 하려고 했겠느냐. 깜냥에 맞게 마음을 다해야 아쉬움이 남지 않아서 그리했다. 적절한 나무를 얻을 수 없어도, 돈이 없어도 마음이 불편한 법이다. 그런데 나무도 얻을 수 있고, 돈도 넉넉하다면 마땅히 남

보기 호사스러운 나무로 관곽을 짜도 문제 될 리 없다. 내 듣
건대 군자는 천하를 위해 부모의 장례는 간소하게 치르지 않
는다고 하더라."4:7

맹자의 자기변호는 통하지 않아 늘 발목을 잡았다. 수제자
격인 악정자樂正子가 노나라 평공에게 맹자를 추천했다. 둘이
만나기로 약속한 날 평공이 외출을 준비하는데 비서실장 격인
장창이 어디 가느냐고 물었다. 맹자 만나러 간다니, 장창이 말
렸다. 맹자는 뒤에 치른 모친의 장례가 먼저 치른 부친 장례보
다 더 화려했다고 하니, 그런 사람을 현자로 여겨 만날 필요는
없다고 했다. 평공이 이 도움말을 받아들이자, 나중에 알게 된
악정자가 왜 맹자를 만나지 않았냐고 물었다. 평공은 맹자의
모친 상례가 부친 상례보다 지나쳤다는 이야기를 들어서라고
했다. 악정자가 저간의 사정을 설명했다. 부친상은 맹자가 사
계급일 때 치렀고, 모친상은 맹자가 대부계급일 때 치른지라
모친 상례가 지나쳤다는 오해를 받는다. 분수에 지나친 게 아
니라 경제력의 차이에서 비롯했을 뿐이라는 설명이다.2:16

일단 맹자가 당대의 풍속을 거스른 것은 사실이다. 본디 장
례는 죽은 자의 지위로서 하고, 제사는 받드는 자손의 지위로
서 하는 것이 원칙이다.『중용』18장 하지만 맹자는 상황에 맞게 적
절하게 행동했다고 여겼다. 내가 마침 연봉 3000만 원 받을 때
아버지가 돌아가셨으니 그 형편에 맞게 장례를 치렀고, 연봉

1억 원 받을 때는 아버지 장례 때보다 여유가 있으니 더 돈을 써서 어머니 장례를 치렀을 뿐이다. 깜냥에 맞게 진심으로 슬퍼하는 마음을 다했는데, 그게 무에 문제가 되느냐는 항변이다. 당대를 지배한 묵자와 맞선 맹자의 일관된 자세에 걸맞은 태도다. 절장이냐 후장이냐가 문제가 아니라 부모의 죽음을 슬퍼하는 마음을 예를 갖추어 충분히 표현했느냐가 더 중요하니, 이익이 아니라 인의를 내세워야 한다는 뜻이다.

그런데 이 대목에서 흥미로운 사실을 발견하게 된다. 속설에 따르면 맹자가 어릴 적에 아버지를 여의었다고 한다. 이어서 나오는 이야기가 『열녀전』에 나오는 맹모삼천孟母三遷이다. 집이 묘지 기끼이 있었는데, 맹자가 즐기는 놀이가 묘지에서 일어나는 일을 흉내 내는 것이었다. 안 되겠다 싶어 맹자의 어머니가 집을 시장 근처로 옮겼다. 그랬더니 이번에는 물건 파는 흉내를 내므로, 다시 글방이 있는 곳으로 옮겼다. 이번에는 글 읽고 제사 지내는 흉내를 내며 놀았다. 글방 근처에서 자란 맹자는 마침내 학자로서 큰 명성을 누렸다.

맹자 사후 200년이 채 안 된 시기에 나온 『열녀전』에는 맹자가 어릴 적에 아버지를 여의었다는 말이 나오지 않는다(사실 이사도 두 번밖에 하지 않았다. 맹모이천이라 해야 하거늘). 거기다 『맹자』에는 맹자가 사계급일 적에 아버지가 돌아가신 것이라 되어 있다. 아무리 일러도 20대쯤에 아버지가 돌아가셨다는 말이 된다. 맹자가 일찍이 아버지를 여의었다는 기사가 실린 책은 물론 여럿 있다. 조기가 맹자 사후 500년 후에 쓴 『맹자장구』 「맹자제사」에서 이 같은 말을 했고, 『궐리지』나 『사서인물고』 등에는 맹자가 세 살 때 아버지를 여의었다고 구체적으로 기록되어 있다.[2] 『사기』에는 공자가 태어난 지 얼마 안 되어 아버지가 돌아가셨다, 『공자가어』에는 세 살 때 돌아가셨다고 기록되어 있다. 짐작건대, 맹자를 공자에 버금가는 성현으로 세우려는 후대의 '신화 만들기'가 이런 속설을 낳지 않았나 싶다.

『열녀전』에 나온 맹모삼천도 후대에 조작된 이야기라 보는 견해가 있다. 전호근은 맹모삼천이 환경결정론적 관점이라는 데 주목한다. 맹자는 성선을 주장한 사람이다. 좋은 학군을 찾아가 공부해야 두루 성장하리라 믿을 사람이 아니다. 무덤가에 살든 저잣거리에 살든 모든 아이가 훌륭한 교육을 받아야 한다고 주장했을 사람이다. 또한 맹자는 세속적인 의미에서 출세한 인물이 아니다. 외려 죽고 나서 명성을 떨친 사람이다.[3] 맹모삼천이 어머니의 행동을 기록한 것이지만, 맹자 사상과 맞지 않다는 점에서 사실성을 의심할 법하다는 말이다.

부모 뜻을

어기지 않는 것만이

효도인가?

하루는 제자인 공도자公都子가 맹자에게 "광장匡章은 온 나라에 불효자라고 소문난 인물인데, 어째서 선생님은 그 사람과 친하게 지낼 뿐 아니라 예우까지 하신답니까?"라며 따져 물었다.8:30 맹자가 광장과 친분이 있었다는 것은 다른 곳에서도 확인된다. 광장이 진중자를 올곧은 선비라 평하자, 맹자가 반박하는 내용이 있다.6:10 이 둘 사이의 친분을 공도자가 못마땅하게 여긴 듯하다. 아무튼 맹자의 제자는 '싸가지' 없기로는 한결같다. 선생의 사유뿐만 아니라, 삶에 관해서도 틈만 있으면 비집고 들어가 '염장'을 지른다. 물론 비난할 일이 아니다. 참된 공부는 이처럼 스승에게 덤벼들기에서 이루어진다고 본 것이 맹자다. 오늘날 만나기 힘든 스승이다.

유가 철학에서 효가 얼마나 중요한지는 두루 알고 있을 터다. 그런데 대쪽 같은 성격의 맹자가 불효자하고 친구 먹는 사이라니 제자 처지에서는 이해가 되지 않았으리라. 맹자는 불효의 다섯 가지 특징을 들어 말문을 튼다. 첫째 손발을 게을리해 부모 봉양하지 않는 것, 둘째 노름과 술에 빠져 부모 봉양하지 않는 것, 셋째 재물에 욕심부리고 처자식만 아껴 부모 봉양하지 않는 것, 넷째 보고 듣는 것의 쾌락에 빠져 부모 욕보이는 것, 다섯째 용맹을 좋아하며 싸우고 분노하여 부모를 위태롭게 하는 것. 그런데 광장이 이 가운데 어떤 잘못을 저질렀길래 불효자냐고 공도자에게 되묻는다.8:30

광장의 가슴 아픈 사연

광장에게는 가슴 아픈 사연이 있다. 아버지가 저지른 잘못을 바로잡으려다가 그만 부자 사이가 나빠져버렸다. 광장이 지나쳤던 것은 사실이다. 친구 사이에서 잘못을 바로잡으려고 강하게 충고하는 책선責善으로 아버지를 대했던 것이다. 아비는 화가 치솟아 부자 관계를 끊었다. 자식 된 도리로 언젠가는 용서 받고 관계를 되찾고 싶었다. 그러나 그날이 오기 전에 아비는 유명을 달리했다. 광장은 그 죗값을 스스로 치렀다. 아내와 자식을 멀리하고 끝까지 그들의 봉양을 받지 않았다. 자세히 살펴보면 소문대로 불효자는 아니잖냐는 설명이다.

도대체 무슨 일이 있었길래 광장이 아버지에게 덤벼들다가 의절 당했을까? 간접적으로 그 사정을 알 수 있는 기록이 『전국책』에 남아 있다. 본디 광장은 뛰어난 군인이었다. 제선왕 적에 연나라에 내분이 일어나자 군사를 일으켜 정벌한 적이 있는데, 이때 참전한 장군이 광장이었다. 제위왕 때 진나라가 침략했다. 왕이 광장을 장군 삼아 진나라의 침략을 막도록 했다. 전투가 한창일 때 정탐병이 광장이 세 차례나 진나라에 투항했다고 보고했다. 왕은 믿지 않았다. 이유가 있다. 광장의 어머니가 그의 아버지에게 죄를 지었다. 아버지가 분노해 어머니를 죽여 마구간에 묻었다. 그 사연을 잘 알던 위왕이 전장에 나가는 광장에게 말하길, 승전하면 반드시 어머니 묘를 옮겨 주겠노라고 했다. 기뻐할 줄 알았던 광장의 답변은 예상 밖이었다. 아버지가 어머니 묘를 어떻게 하라고 말씀하지 않고 돌아가셨는데, 만약 내가 어머니 묘를 옮기면 아버지를 속이는 꼴이 된다, 그러니 이장할 수 없노라 했다는 것이다. 위왕은 돌아가신 아버지를 속이지 않는 광장이 살아 있는 임금을 배신할 리 없다고 확신했다.[1]

이 기록에 따르면, 광장은 아버지 살아 계실 적에 어머니 묘의 이장을 강경하게 요청했던 듯하다. '린치'가 허용될 정도로 어머니가 저지른 큰 죄가 무엇이었는지는 기록에 없다. 아들 처지에서 보면 어머니는 이미 죗값을 치렀다. 그러니 제발 시신만은 양지바른 곳에 묻어주자고 간절히 청했으리라. 그러나 아버지의 분노는 사그라지지 않았고, 계속 바른 소리 하는 광장을 못마땅하게 여겨 시쳇말로 하면 호적에서 자식을 파버리며 의절한 모양이다. 아버지와 의절했다는 점만 보면 천하의 불효자다. 그러나 그 이면을 보면 아버지에게 책선하듯 말한 게 잘못이지, 아버지의 잘못을 바로잡으려 한 것이 그릇된 것은 아니었다. 그래서 맹자는 광장을 불효자라 여기지 않았고, 세평에 상관없이 그와 맺은 교유 관계를 지켜나갔다.

맹자가 세 가지 경우에 해당하면 불효라며, 그 가운데 후손을 끊는 것이 가장 큰 불효라고 한 적이 있다.7:26 아쉽게도 나머지 두 가지는 말하지 않았는데, 조기가 이를 밝혀놓았다. 부모의 뜻에 아첨하고 굽혀 따라서 어버이를 불의에 빠뜨림이 첫째요, 집이 가난하고 어버이가 늙었는데도 벼슬을 하지 않음이 둘째요, 장가들지 않아 자식이 없어서 선조의 제사를 끊음이 셋째다.「맹자집주」 여기서 주목해야 할 대목이 바로 첫 번째 사항이다. 부모의 뜻이라면 무조건 어기지 않는 것이 효라고 생각해왔는데, 이를 뒤흔들고 있다. 외려 부모가 옳지 않은데도 이를 무조건 따르면 불효라고 명토 박았다.

맹자를 영 못마땅하게 여긴 순자도 비슷한 이야기를 했다.

효자가 부모의 명을 따르지 않는 경우가 세 가지 있단다. 첫째, 명을 따르면 부모가 위태롭고 명을 따르지 않으면 부모가 편안할 때다. 둘째, 명을 따르면 부모가 욕되고 명을 따르지 않으면 부모에게 광영이 될 때다. 셋째, 명을 따르면 금수처럼 되고 명을 따르지 않으면 체면이 설 때다. 그리고 덧붙여 말하기를, 따라야 할 것과 따르지 말아야 할 의를 밝혀서 공경과 충신을 능히 다하고 단정 성실하며 신중하게 행동한다면 가히 대효 大孝라 할 만하다고 했다.「순자」「자도」 주자도 부모가 의롭지 않은 일을 할 적에 자식이 아버지의 허물을 고쳐 악을 변화시켜 아름답게 만드는 것이 효라 했다.「논어집주」

부모가 잘못을 저지를 때

물론 부자 사이에는 책선해서는 안 된다고 맹자는 강조했다. 아들이 아버지를 대할 때만이 아니다. 아버지도 마찬가지다. 공손추가 맹자에게 군자가 자식을 직접 가르치지 않는 이유를 물었다. "아비가 올바른 도리로 가르치는데 자식이 행하지 않으면 아비는 성을 내게 마련이다. 자식 마음이 아플 건 당연하다. 자식이 생각해보니, 올바른 도리로 가르친다면서 아비가 화를 내는 것은 옳지 않잖으냐며 반발심을 품는다(너나 잘하세요!). 가르치다 부자 사이에 금이 간다. 이처럼 책선하면 부자 사이가 멀어지니, 군자는 자식을 서로 바꿔 가르치는 것이다." 맹자의 답변이다.7:18 그럼에도 맹자는 어버이를 도리에 맞게 살도록 이끌지 못하면 자식이 아니라는 관점7:28은 일관되게 유지했다. 잘못을 지적질해 부자 관계가 깨질 정도로 가면 안 되고, 그렇다고 잘못된 걸 모르쇠 잡으면 안 된다니 도대체 어쩌라는 말일까?

비록 『맹자』보다 후대에 쓰였지만, 『효경』에서 이 딜레마를 벗어날 실마리를 얻을 수 있다. 증자가 공자에게 자식이 아버지의 명령을 좇기만 하면 효라고 할 수 있느냐고 물었다. 이에 공자는 점강법으로 대답한다. 먼저 천자의 잘못을 간쟁諫諍해주는 신하 일곱만 있으면 비록 무도한 천자라도 천하를 잃는 법은 없다. 제후의 잘못을 간쟁해주는 신하 다섯만 있으면 비록 무도한 제후라도 나라를 잃는 법은 없다. 대부의 잘못을 간쟁해주는 신하 셋만 있으면 비록 무도한 대부라도 가家를 잃는 법은 없다. 사의 잘못을 간쟁해주는 벗이 한 사람만 있으면 명예를 잃지는 않는다. 그리고 아버지의 잘못을 간쟁해주는 아들이 하나만 있어도 그 아비가 불의에 빠지는 일은 없다. 그러므로 의롭지 못한 일을 당하면 자식은 아비에게 간쟁하지 않을 수 없으니, 아버지의 명령을 따르기만 하면 효라고 할 수 없는 법이다.「간쟁」

부모가 의롭지 않은 일을 할 적에 자식은 무조건 따르지 말고 맞서야 하는데, 그것이 책선이 아니라 간쟁이어야 한단다. 그런데 도대체 간쟁은 또 어떻게 해야 하는 것일까? 간쟁의 사전적 풀이는 '어른이나 임금에게 옳지 못하거나 잘못된 일을 고치도록 간절히 말함'이다. 이 풀이로는 그 정확한 뜻을 짐작하기 어렵다. 좀 더 깊이 있는 이해를 위해서는 『논어』를 참고해야 한다. 공자가 말하길, 부모에게 잘못이 있으면 부드럽고 완곡하게 간하라[幾諫] 했다.논어 4:18 기간의 사전적 풀이는 '기미만으로 부드럽게 간하다'인데, 점점 상세히 말씀드리는 것이니, 너무 엄격하고 사나운 태도로 잘못을 잘라 끊으려 하지 말라'논어십주」는 주자의 풀이가 저절해 보인다. 또 다른 풀이는 『소학』에서 찾을 수 있으니, 자식이 세 번을 간해도 아버지가 들어주지 않으면 따라다니면서 울부짖는다고 했다. 삿된 길로 빠진 아버지를 바로 이끈답시고 혈압 올리고 침 튀기고 눈부라리며 논쟁하고 경고하고 책망해서는 안 된다는 뜻이다. 오로지 올바른 길로 되돌아가기만을 바라는 자식의 간절한 마음이 전해져 아비가 회심하기를 기다려야 한다.

아직도 이해가 잘 안 간다면 정지아의 소설 『아버지의 해방일지』 한 대목을 읽어볼 일이다. 내용인즉슨, 빨치산 출신인 아버지가 늘그막에 본 딸내미를 이뻐해 여기저기 데리고 다녔다고 한다. 장날에는 하동집에 같이 갔는데, 간판이 있는 것은 아니고 주모가 하동 사람이라 붙여진 선술집이었다. 아버지는 이 선술집에 들르면 안주도 없이 친구들이랑 낮술을 마셨다. 어린 딸내미는 아버지 무릎에 앉아 놀면서 하동댁이 준 주전부리를 먹으며 즐겁게 보냈다. 어느 날 오랜만에 들른 아버지에게 하동댁이 콧소리를 내며 "하도 안 와서 영영 못 보는 줄 알았소"라고 인사했다. 그러자 흥에 겨워진 아버지가 "웜마, 무신 섭섭한 소리를 해쌓는대. 일편단심"이라며 하동댁 엉덩이를 두드렸다. 그러자 딸내미가 무릎에서 뛰어내리곤 아버지 손을 잡아끌고 입을 앙다문 채 하동집을 나왔다. 다섯 살짜리 딸내미 서슬에 놀란 아버지는 술 한 잔 못 마시고 끌려 나왔다. 그 딸은 보이지 않을 때까지 하동집을 째려보았다. 그날 이후 딸내미가 곁에 있으면 아버지는 절대 하동집에 들르지 않았단다.

스승에게 덤벼드는 제자

맹자의 제사는 시쳇말로 '싸가지'가 없다. 요즘처럼 수업 시간에 졸고 떠들어서 하는 말이 아니다. 감히 스승의 학문적 주춧돌을 뽑아버리겠다고 대든다. 머리에 피도 안 마른 자식들이 스승의 수염을 잡아뜯겠다는 양 덤벼든다. 맹자는 '싸움닭'이었다. 군주야 알아먹게 하려고 기분도 맞춰주고 사례도 들어주고 돌려서도 말했지만, 철학자와 벌이는 '이론투쟁'에서는 한 치의 양보도 없었다. 그런 맹자니 제자가 덤벼드는 꼴을 눈 뜨고 보지는 못했을 거라 여기기 십상이다. 그런데 놀랍다. 맹자는 제자의 지적 도전을 흔쾌히 받아들이고, 그 제자를 설득하려고 애썼다.

그럴 수밖에 없다. 맹자의 수업은 강의식이 아니었다. 제자가 스스로 공부하다 미처 깨닫지 못한 바가 있으면 수업 시간에 질문을 던지고, 이에 맹자가 답해주다 서로 생각이나 가치관이 다르면 충돌했다. 그 충돌을 맹자는 교육적으로 권했고, 그 과정에서 제자가 깨우치고 인식의 지평을 확대하기를 바랐다. 공자의 수업 방식을 이어받았던 셈이다. 용장 밑에 약졸 없게 마련이다. 제자의 공격적인 질문이 맹자의 숨통을 조였다. 이것만 무너지면 스승이 쌓은 사상의 성채가 폴싹 주저앉으리라 보이는 부분만 맹공했다. 제자들이 맹자 사유의 아킬레스건이라 본 것은 순임금이었다. 공자는 물론이거니와 맹자도 요순을 성왕으로 치켜세웠고, 이들이 문명의 기반을 닦고 태평성대를 이루었다고 여겼다. 특히 요는 순이 행한 효행의 진정성을 높이 평가해 임금 자리를 물려주었고, 순은 임금이 되어서는 그 효행을 백성에게 확충해 인정을 널리 베풀었다고 강조했다. 제자들은 바로 이 부분을 집요하게 물고 늘어졌다. 순이 알고 보면 효자가 아니라는 것을 증언하는 '찌라시'는 넘쳐났다.

공맹 철학에서 효는 남다르다. 효의 가치를 깨닫고 이를 가정에서 실천하는 것은 물론이고, 그 효의 정신을 확충하여 나라를 다스릴 적에 왕도가 펼쳐진다고 여겼다. 공자는 효도와 우애를 정치에 베푼다는 말이 『서경』에 있다논어 2:21고 했다. 공자 사후 학단을 이끌었던 유자有子는 중요한 발언을 했다. "그 사람됨이 효성스럽고 공손[孝弟]한데 윗사람한테 거역한 자는 드물다. 윗사람에 거역하지 않은 자 가운데 난亂을 일으키기를 좋아하는 자는 없다. 군자는 근본에 힘쓰게 마련인데, 근본이 서야 도가 피어나는 법이다[本立而道生]."논어 1:2 공자 철학의 핵심이 가족 공간에서 형성된 윤리를 국가 통치의 원리로 확충하는 데 있음을 보여준다.

맹자도 같은 관점이다. 사람이 배우지 않고도 할 수 있는 능력을 양능良能이라 하고, 생각하지 않더라도 저절로 아는 것을 양지良知라 한다. 두세 살 난 어린애도 부모 사랑할 줄 모르는 아이는 없고, 자란 후 형 공경할 줄 모르는 아이도 없다. 어버이를 친애함[親親]이 인이고 어른을 공경함[敬長]이 의다.13:15 효제야말로 양지, 양능의 대표격인 셈이다. 다음 단계는 확충이다. 내 부모님을 섬기는 것으로 남의 집 부모에게 미치고, 내 아이를 아끼는 것으로 이웃집 아이에까지 미쳐야 한다.『시경』에 "내 아내에게 모범이 되어 형제에게 미치고, 집안과 나라를 다스린다"했다.1:7 요순의 도는 한마디로 효제일 뿐이었으니,12:2 사람마다 자기 어버이를 사랑하고 윗사람을 공경하면 천하는 태평해지게 마련이다.7:11

여기서 짚고 넘어갈 내용이 있다. 제선왕이 끌려가며 우는 소를 보고, 또는 어린아이가 우물로 기어가는 장면을 보고 느낀 측은지심과 효는 어떤 관계가 있느냐 하는 점이다. 측은지심이 일어나는 동기에는 먼저 직접 보거나 듣거나 느끼는 근접성이 중요한데, 사람이라면 누구나 다 그 마음이 있다(타고난 도덕성). 다음으로 그 마음은 즉각적인 정서적 반응이어서 무반성적이고 무계산적이라는 특징(연민과 공감)이 있다. 효 또한 같은 특징이 있으니, 측은지심이 부모와 자식 사이에 발현될 때를 일러 효라 한다.[1] 이를 감안하면, 측은지심이라는 카테고리에 사랑의 농도가 가장 짙은 것이 친친이고, 차등애적으로 그 사랑이 확산되니 다음이 인민이며, 가장 낮은 농도의 사랑이 애물이라 하겠다.

　공맹이 효를 정치철학으로 확충한 데는 주나라의 독특한 봉건제도에서 비롯한 바도 있다. 주나라는 종법宗法 사회라, 천자가 아버지면 제후는 왕위를 물려받을 적장자嫡長子를 제외한 아들이 맡고, 형이 천자면 제후는 동생이 맡았다. 물론 혈연관계에 전적으로 의존한 것은 아니다. 몰락한 왕정의 유민을 모아 제후국을 세웠고(은의 유민에게 준 송나라), 건국에 혁혁한 공을 세운 신하에게 봉토를 주었다(강태공의 제나라). 하지만 기본은 혈연관계에 기초한지라 이 체제가 안정되고 발전하기 위해서는 효제의 정신이 상당히 중요했다. 국가 시스템은 가족 시스템의 확장판이었을 뿐이다. 춘추전국시대에는 제후가 천자의 권위를 무시하고 제후끼리 영토 전쟁을 일삼았다. 이 혼란을 멈추는 방법 가운데 하나는 제후인 아들이 천자인 아버지에게 효도하고, 제후인 아우가 천자인 형을 공경하는 것이었다. 효제를 실천하는 이가 윗사람을 해치지 않고 난을 일으키지 않는다고 강조한 이유가 여기에 있다.

순임금의 효행을 둘러싼 논쟁

순임금이 치국에 성공한 것은 물론이요 평천하에 이르렀던데는, 가정에서 실천했던 효를 백성을 다스리는 통치의 수준에서도 발휘한 덕이다. 제자 처지에서 볼 때 스승의 철학을 무너트리려면, 앞시 말했듯 순이 효지가 아니었다는 점을 입증하면 된다. 고수瞽叟('눈먼 늙은이'라는 뜻이니, 도의에 밝지 못했다는 상징이 이름에 숨어 있다)를 아비로 둔 순은 의붓어미의 학대를 받았다. 심지어 가족이 합심하여 간교한 꾀로 순을 죽이려 들었다. 누가 보아도 효심을 품을 수 없는 상황이었다. 순이 밭에 가서 하늘을 보며 울부짖었다고 하던데, 무슨 이유냐고 만장이 물었다. 맹자는 부모를 원망하면서 사랑[怨慕]해서라고 답했다. 만장은 원망이라는 말에 꽂혔다. 부모가 나를 미워해 괴롭더라도 원망하지 말라고 했는데, 어찌 순은 원망했냐고 재차 물었다. 이 주제는 장식이 증자의 제자인 공명고에게 물은 적이 있다. 이때 공명고는 효자의 마음이 무심해서는 안 된다며, 순임금이 운 것은 열심히 농사지어 자식의 직분을 다하였으나, 부모가 사랑하지 않으니 자신에게 무슨 죄가 있어서인가 여겨서였다고 말했다.9:1

맹자 보기에 사랑하기에 원망할 수도 있는 법이다. 이 말이 무슨 뜻인지 알 만한 일화가 있다. 공손추가 『시경』에 있는 「소반」이라는 시를 두고 맹자와 대화를 나눌 때였다. 공손추는 고자가 이 시를 두고 소인이 지은 작품이라 했는데, 이유는 부모를 원망해서라고 했다. 이 시는 백기가 지은 것으로 알려졌는데, 사연이 있다. 백기의 아버지 윤길보가 후처를 들여 백방을 낳았다. 그런데 그 후처가 백기를 모함하니, 아버지가 후처를 편들고 백기를 쫓아냈다. 아버지를 원망하는 시를 지을 만했다. 저간의 사정을 아는 맹자가 고자를 일러 답답하다고 평가했다. 만약 월나라 사람이 활을 당겨 자신을 겨눈다고 치자. 그러면 웃으면서 타이른다. 관계가 먼 탓이다. 그런데 형이 활을 당겨 자신을 겨눈다면 울부짖을 것이다. 형은 절친한 사이여서다. 이 시에 원망이 배어 있는 것은 어버이를 사랑하기 때문이다.12:3 조기도 마땅히 친해야 하는데 소원하면 원망하고 사모하여 하늘에 부르짖는 게 마땅하다 했다.「맹자집주」 만약 부모 잘못이 큰데 원망하지 않으면 자식과의 사이는 더욱 멀어지게 마련이다.12:3

순의 효행을 의심할 수 없는 이야기가 있다. 요임금이 순의 효행을 근거로 선양하기로 마음먹자 천하의 선비가 모여들었지만 순은 근심을 풀지 못했다. 아름다운 여인을 아내로 맞는 것은 모든 남자의 바람이나, 요임금의 두 딸을 아내로 삼았으면서도 근심을 풀지 못했다. 누구나 부유함을 바라는데, 천하를 소유하였지만 근심을 풀지 못했다. 존귀한 지위는 누구나 바란다. 마침내 천자의 자리에 올랐으나 근심을 풀지 못했다. 순은 오로지 부모의 마음을 얻어야 그 근심을 풀 수 있었을 뿐이다. 사람의 일생을 보면 어려서는 부모를 사랑하다가, 이성을 좋아할 나이가 되면 아름다운 여인을 사랑하고, 벼슬을 얻으면 임금의 사랑을 얻으려고 속을 태운다. 그런데 죽을 때까지 부모를 사랑하는 사람을 일러 대효大孝라 하는데, 순은 나이 오십이 되어도 부모를 사랑했다.9:1 주자는 오십이 되어서도 부모를 사모했다면 종신토록 사모했다는 말이라고 설명을 더했다.「맹자집주」

맹자는 다른 자리에서 비슷한 이야기를 했다. 천하 사람이 기뻐하며 자기에게 몰려들어도 하찮게[草芥] 여기는 사람은 오로지 순이었으니, 어버이 뜻을 얻지 못하면 사람이 아니고, 어버이를 도리에 순종하도록 이끌지 못하면 자식이 아니라 여겨서다. 순은 어버이 섬기는 도리를 다한지라 고수도 기뻐하게 되었고, 고수가 기뻐하니 천하가 감화했다. 고수가 기뻐하니 온 세상 부모와 자식의 올바른 관계가 정립되었다.7:28 순이야말로 대효의 상징인 셈이다. 더불어 이 일화에서 솔선수범의 파급력을 확인할 수 있다. 천자의 효행이 모범이 되어 백성이 이를 뒤따랐다고 했잖은가. 군자가 지나가는 길에는 사람들이 감화되고, 머무는 곳에는 신비한 일이 일어나는 법이다.13:13 공자는 먼저 자신의 말을 실행하여 뭇사람이 자기를 따르게 하는 이를 군자라 하였고,논어 2:13 천자가 부모를 섬기는 데 사랑과 공경의 마음을 극진하게 하면 그 덕성의 교화가 온 누리 백성에게 미칠 것이라 했다.「효경」「천자」

만장이 또 덤벼들었다. 순이 부모에게 알리지 않고 장가든 것을 문제삼았다. 답은 짐작한 대로다. 만약 그 사실을 알렸더라면 순을 미워한 부모가 결혼을 허락했겠는가. 남녀의 혼인은 사람의 큰 윤리다. 불효 가운데 가장 큰 것이 후손을 남기지 않아 선조의 제사를 끊는 것이다. 순은 부모가 결혼을 반대해 후손이 끊기는 불효를 저지를까 봐 알리지 않고 결혼한 것이다.9:2 이 사정을 안 공자도 순이 부모에게 알리고 결혼한 것으로 쳤다.7:26

맹자의 설명을 받아들인 만장은 다른 질문을 던진다. 순이야 그렇더라도 요임금은 왜 순을 사위로 맞아들이면서 그 부모에게 알리지 않았느냐고 시비를 걸었다. 맹자, 한심하다고 여겼을 법도 하건만 친절하게, 그리하면 순을 사위로 삼을 수 없을 줄 알았기 때문이라 설명한다. 만장, 포기하지 않고 다시 덤벼든다. 부모가 순을 죽이려 들었을 적에 이복동생 상象이 이 모든 게 자신의 꾀였다며 형의 소와 양, 곡식 창고는 부모께 드리고, 방패와 창과 옻칠한 활과 거문고, 그리고 두 형수는 자기가 차지하겠다고 떠벌렸다. 그런데 살아 돌아온 순에게 상은 형님을 걱정하고 있었다고 거짓말을 했고 순은 상에게 정사를 도와달라 했다. 순이 자기를 죽이려 상이 꾀를 낸 것을 몰랐다는 것이 아니냐고 추궁했다. 어찌 몰랐겠는가, 단지 아우가 근심하면 같이 근심하고 기뻐하면 같이 기뻐할 뿐이라 했다. 이 정도에서 그쳐도 되지 않을까? 아니다. 만장은 그러면 순은 거짓으로 기뻐했다는 거냐며 문제를 제기했다. 맹자는 사례를 들어 설명하고 나서 상이 형을 사랑하는 마음으로 찾아오니 진실로 믿고 기뻐한 것이라 답변한다.9:2

만장은 물러서지 않는다. 상과 순의 관계에 의문이 많았던 모양이다. 순이 천자가 된 다음 상을 죽이지 않고 유폐한 이유를 물었다. 맹자는 유폐하지 않고 제후로 삼았다고 바로잡는다. 만장은 순이 불인한 자를 적법하게 처벌하자 백성이 좋아했는데, 가장 불인한 상은 제후로 삼았으니 그 지역 백성은 무슨 죄를 지었단 말이냐고 항변한다. 맹자의 답변은 이렇다. 어진 사람은 분노를 품지 않고 원망을 묵혀두지 않는다. 형이 천자가 되었는데, 아우를 필부로 놓아두면 친애한다고 할 수 없다. 아우를 아끼면 부유하게 해주고 싶은 법. 그래서 제후 자리를 준 것이다. 만장은 듣자 하니 상을 제후로 봉한 게 아니라 쫓아냈다는 소문이 돌던데 무슨 사연이냐고 또 묻는다. 상을 제후로 삼았지만 통치는 관리를 파견해 맡겼고, 공물과 세금만 상에게 바치게 한 거다. 상의 심성을 아는 순이 그걸 모른 체할 수 있겠느냐. 더욱이 순은 조회할 때가 아니어도 상을 자주 불렀다. 순은 딜레마를 극복하기 위해 '권도'의 지혜를 발휘한 셈이다. 자리를 주어 남 보라는 듯 먹고살게는 해주되, 백성에게 피해가 가는 통치는 하지 못하게 했던 것이라는 뜻으로 맹자가 답변한다.9:3

제자 함구몽咸丘蒙은 선을 넘었다. 순의 '쿠데타 설'을 제기한 것이다. 순이 요임금과 아비인 고수를 신하로 삼았다는 말이 있는데, 믿을 만하냐고 물었다.9:4 이 이야기는 전국시대에 널리 퍼졌던 모양이다. 순자는 요가 순에게 선양했다는 것은 헛된말로, 천박한 사람이 퍼뜨리는 말이며 고루한 사람의 주장에 지나지 않는다고 했다.「순자」「정론」 한비자는 순은 군주의 나라를 빼앗았다, 순은 남의 신하이면서 군주를 신하로 삼았다, 순이 아버지인 고수를 추방하였고 아우인 상을 죽였다, 순이 밖에 나가서는 군주를 신하로 삼고 안에 들어와서는 아버지를 신하로 삼으며 어머니를 시녀로 삼고 군주의 딸을 처로 삼았다「한비자」「충효」는 말을 기록해놓았다. 『죽서기년』에는 순이 요를 평양에 가두어버렸고, 제위를 탈취했다[2]는 내용이 나온다. 맹자가 이런 주장을 받아들일 리 없다. 요임금이 늙자 순이 섭정하였고, 요가 죽은 다음 삼년상을 치른 다음 왕위에 올랐다고 했다. 또 『서경』을 인용하여 순임금이 고수를 공손하고 경건하게 섬겼으며, 이에 고수가 순을 믿고 따랐다고 힘주어 말했다.9:4

만약 아버지가 살인범이라면

하다 하다 사고실험까지 하자며 덤벼드는 제자가 있었다. 도응桃應이 물었다. 순이 천자가 되고 고요는 법관이 되었다. 그런데 만약 고수가 사람을 살해하면 어떻게 해야 하느냐고 물었다. 맹자는 고요는 법대로 처리하면 된다고 했다. 순이 막아서지 않겠냐고 하니, 그럴 수는 없다고 했다. 아무리 아버지라 해도 권력을 남용해서 법대로 처리하는 것을 방해할 수는 없는 노릇이다. 그럼 순임금은 이제 어떻게 처신해야 하느냐고 도응이 물었다. 천하를 헌신짝 내팽개치듯 버리고 아비를 둘러업고 바닷가로 도망가 천하를 잊어버리고 평생을 즐겁게 살면 된다고 맹자는 답변했다.13:35

비슷한 상황에서 공자가 한 말이 있다. 아버지가 양을 훔치자 이를 고발한 아들을 정직하다고 섭공이 추켜세웠다. 이에 공자는 아비는 자식을 숨겨주고 자식은 아비를 숨겨주는 법인데, 정직은 그 가운데 있다논어 13:18고 일갈했다. 가족 윤리와 공공선이 충돌할 적에 어떻게 해야 할까? 공자는 공권력이 범죄를 추궁하는 것을 반대하지 않았다. 단지 아들이 아버지를 신고하는 상황은 옳지 못하다고 보았다. 주자도 아버지와 자식이 서로 숨겨주는 일은 천리天理와 인정人情의 지극함이라 풀이했다.「논어집주」 현대 법체계도 같은 관점이다. 형법 제151조에는 벌금 이상의 형에 해당하는 죄를 범한 자를 은닉 또는 도피하게 한 자는 3년 이하의 징역 또는 500만 원 이하의 벌금에 처한다고 되어 있다. 단, 친족이나 동거의 가족은 처벌하지 않는다고 적시되어 있다.

맹자는 순이 상을 제후로 임명하면서 보였던 '권도'를 이 대목에서도 펼치면 된다고 보았다. 아무리 천자라지만 혈연을 이유로 삼아 죄를 벌하는 것을 막을 수는 없다. 하지만 천륜이라 아들의 도리를 다해야 한다. 방법은 천자 자리를 버리고, 한낱 민간인이 되어 아버지를 탈옥시켜 도망가는 수밖에 없다. 주자는 형벌과 감옥을 관리하는 고요는 다만 법이 있음만 알고 천자의 아버지가 높음을 알지 못한다고 했다. 그러나 순처럼 자식 된 자는 다만 아버지가 있음만 알고 천하가 큼을 알지 못한다고 풀이했다.「맹자집주」 이토 진사이는 천자이면서 천하의 법을 왜곡하지 않았고, 천하를 소유할 만한 부를 부자간의 친밀함으로 바꾸지 않았으니, 인과 의의 극치라 했다.「맹자고의」 그러나 정약용은 상당히 비판적인 주석을 달았다. 아버지를 구하려고 왕위를 버렸다면 통치자로서 무책임하며, 필부가 되어서 죄인인 아버지를 빼돌렸다면 법을 위반한 것이고, 고요가 탈옥을 눈감았다면 이는 직무태만이 된다. 그러니 이런 내용을 맹자가 직접 썼을 리는 없고 후대에 삽입된 것이라 했다.「맹자요의」

순을 둘러싼 일대 논쟁을 읽다 보면 징글맞도록 맹자를 괴롭힌 제자들의 패기도 대단하고, 이에 논리로 맞서 천륜의 우선성과 효의 정치적 효능을 일깨워준 맹자도 대단하다 싶다. 사람 사는 도리보다 당장 사회에 나가 써먹을 거리를 배우는 데 급급한 오늘 우리의 강의실은 언제나 이런 지적 향연을 꽃피울 수 있으려나 모르겠다.

시대적 소명을

스스로 짊어진 사람

이수伊水에 사는 한 여인이 아이를 배었다. 어느 날 꿈에 신이 나와 "절구에서 물이 나오면 동쪽으로 달아나되 절대 돌아보지 말거라" 했다. 다음 날 꿈에 나온 대로 되자, 이웃 사람에게 알리고는 동쪽으로 십 리를 달아났다. 금지가 호기심을 불러일으키는 건 인지상정, 걱정이 되어 뒤돌아보았더니 마을에 물난리가 나 있었다. 신의 말을 어기고 뒤돌아본 대가로 여인은 뽕나무 숲이 되었다. 유신씨 족속의 어떤 여자가 뽕나무 숲에서 뽕잎을 따다가 갓난아기를 얻어 주인에게 바쳤다. 뽕나무 숲에서 태어났다고 해서 이름을 이윤伊尹이라 짓고 요리사에게 아기를 맡겼다. 이윤은 자라서 현명한 사람이 되었다.「여씨춘추」「본미」

그다음 이야기는 두 갈래로 갈라진다. 『여씨춘추』에는 이윤이 현명하다는 말을 듣고 탕임금이 사람을 시켜 유신씨에게 이윤을 달라고 요청했으나 거절당했다고 나온다. 이윤은 탕에게 귀의하기를 바랐다. 탕이 꾀를 내어 유신씨 딸을 맞아들일 테니 군혼群婚을 하자고 했다. 유신씨가 기뻐서 이윤을 딸의 잉신媵臣(시집갈 때 데리고 가는 하인이나 몸종)으로 함께 딸려 보냈다. 현능한 선비를 구하려고 애쓴 탕을 추켜세운 기사로 보면 된다. 『사기』에는 이윤이 더 적극적인 것으로 나온다. 탕을 만나고자 했으나 구실이 없자 유신씨의 폐백(예물)인 잉신이 되어 솥과 도마를 메고 와서는 음식의 맛으로 유세하여 왕도에 이르게 했다.「은본기」 앞에서 보았다시피 이윤은 요리사 밑에서 자란지라 나중에 요리사가 되었다고 얼마든지 추론할 수 있다. 거기다가 『여씨춘추』를 보면 온갖 산해진미를 장황하게 설명하는 대목이 나오니, 이런 이야기가 널리 퍼질 만했다.

뜻밖에 이 대목이 논란거리다. 이윤이 요리 솜씨로 탕에게 접근하여 벼슬을 얻으려 했느냐고 만장이 맹자에게 물었다. 맹자는 단호히 부정하며 이윤은 유신의 들판에서 농사지으며 요순의 도를 즐기고 살았다고 했다.9:7 그런데 묵자와 한비자는 이윤의 요리사 설에 손을 들어주었다. 묵자는 긍정적인 측면에서 말했다. 현능한 자라면 출신 성분을 가리지 않고 발탁해 책임경영을 맡겨야 한다며, 그 성공 사례로 이윤과 부열傅

說을 들었다. 이윤은 유신씨 딸의 개인 종으로 몸소 그 주방의 요리사가 되었다. 탕이 그를 들어 재상으로 삼아 천하의 정사를 함께 보며 천하의 인민을 다스렸다. 부열은 허술한 베옷을 입고 새끼줄로 허리띠를 두르며 판축 공사장에 팔려가 부암 아래에서 막노동을 했다. 무정이 그를 발탁해 삼공으로 삼아 함께 천하 인민을 다스렸다.「묵자」「상현 중」 한비자는 냉소적이다. 이윤은 요리사가 되고 백리해는 포로가 되어 군주에게 발탁되기를 바랐다. 둘 다 성인인데, 제 할 바를 다해 인정받지 못하자 더러운 방법을 썼다.「한비자」「세난」 포로는 몸을 욕되게 한 것이고 요리사는 수치스러운 것「한비자」「난이」이라고도 했다.

『맹자』의 기록은 다르다. 이윤은 의와 도에 걸맞지 않으면 천하를 녹봉으로 준다 해도 거절했고, 제후로 임명한다 해도 쳐다보지 않았다. 탕이 폐백을 갖춰 이윤을 초빙했는데, 이윤이 말하기를 "농사지으며 홀로 요순의 도를 즐기는 사람에게 이런 선물이 무슨 소용 있겠는가"했다. 탕이 포기하지 않고 사람을 세 번 보내 초빙하자[三顧草廬!] 이윤이 마음을 바꾸면서 하늘이 만백성을 내실 적에 먼저 깨달은 사람이 미처 깨닫지 못한 사람을 깨우치게 하셨다고 말했다.9:7 출사出仕를 결심한 것이다. 『사기』에 이를 뒷받침하는 내용이 나온다. 요리사 출신이었다는 점을 먼저 말한 다음에 혹자는 이윤이 처사였다고도 말했다. 탕이 사람을 시켜 초빙하려 했으나 다섯 번이

나 퇴짜를 놓은 다음 승낙했다. 탕이 그에게 국정을 맡겼는데, 이윤이 하나라로 들어가 이미 그 나라가 쇠락했음을 확인하고 다시 돌아왔다고 했다.

『여씨춘추』에는 이윤이 '이중간첩'이었다고 밝혔다. 걸임금의 폭정으로 하나라의 정국이 불안해지자 탕은 이윤을 보내 실정을 염탐케 하기로 했다. 의심을 피하려고 머리를 썼다. 걸이 믿게끔 하려고 탕은 일부러 이윤을 직접 쏘아서 도망가게 했다. 이윤은 3년이 지나 탕에게 돌아와 걸은 말희에게 빠져 있으며 애첩을 총애하고 선정을 베풀지 않아 하나라의 운명이 다했다는 말이 떠돌 정도로 민심이 흉흉하다고 했다. 이윤이 다시 하나라로 돌아가 말희를 구슬려 정보를 캐다가, 걸이 서쪽에도 해가 떠 있고 동쪽에도 해가 떠 있는데 이 두 해가 다투다가 서쪽의 해가 이기는 꿈을 꾸었다는 말을 들었다. 이 꿈 이야기를 전해 들은 탕은 군대가 동쪽으로 도성을 나와서 걸이 있는 도성의 서쪽으로 나아가게 해서 대승을 거두었다.「신대」 동양 최초의 역성혁명은 이렇게 성공했다는 설이다.

천하를 자신의 책임으로 삼다

눈여겨보아야 할 첫 대목은 정황상 이윤이 요리사 출신인

것이 확실한데도 맹자가 농사꾼 출신이라고 강변했다는 점이
다. 맹자는 요순의 도로 백성을 구제할 것을 탕에게 요구했다
는 말은 들었지만 요리 솜씨로 벼슬을 요구했다는 말은 금시
초문9:7이라는 관점을 유지했다. 공자도 농사짓는 일을 높이
평가한 적이 있다. 제자 남궁괄이 공자에게 "예는 활을 잘 쏘
았고, 오는 땅에서 배를 끌 정도였습니다. 그렇지만 둘 다 제
대로 죽지 못했습니다. 그런데 우와 직은 몸소 농사를 지었는
데 천하를 얻었다고 하는군요"라고 말했다. 즉답하지 않던 공
자는 남궁괄이 나가자 "저 사람은 덕을 숭상하는구나"라고 칭
찬했다.논어 14:6 공자는 폭력이 아니라 덕력을 옹호했다. 그런데
그 덕력을 발휘하는 자의 공통점이 바로 농사짓는 사람이었
다. 농사일이 기본적으로 심고 키우고 가꾸는 일이니 '살림'의
가치관이 몸에 밴 사람인 데다, 본디 지배자 출신이 아니라 민
중 출신이며, 그 일이라는 것이 더불어 해야 하는 일이라 여민
의 정신이 배어 있다는 점을 표 나게 강조한 셈이다.[1] 맹자는
순임금이 본디 농사짓던 사람이라 말한 바 있으니,3:8 왕도 정
치와 여민의 삶을 산 성군의 공통점을 농사꾼 출신이라고 보
았다.

다음으로는 이윤이 은둔의 길을 접고 참여의 길로 나선 이
유다. 자신이 먼저 깨달은 사람이니 요순의 도로서 만백성을
깨우쳐야 한다며 나섰다. 이윤을 일러 자임自任한 분10:1이라

했다. 공문자는 '임'이 천하를 자신의 책임으로 삼는 것이라 풀이했는데,「맹자집주」 그가 시대적 소명에 예민하게 반응했다는 풀이다.

유가는 사회 참여를 숙명으로 받아들였다. 천하가 일대 혼돈에 빠지면 지식인은 마땅히 세상을 구제하기 위해 나서야 한다. 공자는 천하에 도가 있다면 세상을 바로잡는 일에 참여하지 않을 것논어 18:6이라 했다. 천하에 도가 없기에 세상 구제라는 고난의 행군에 참여했다는 말을 에둘러 표현한 것이다. 단, 원칙 없이 함부로 출사하지 않았다. 자공이 아름다운 옥이 있다면 궤짝에 넣어 보관하겠는지, 좋은 장사꾼을 찾아 팔겠는지 물었다. 공자는 팔기는 하지만 높은 값을 쳐줄 장사꾼을 기다리겠노라 했다.논어 9:12 뜻이 맞아야 비로소 나선다. 그 뜻은 권력과 부를 누리는 데 있지 않고 도탄에 빠진 백성을 구해서 평화로운 세상을 여는 데 있다. 농사지으며 은둔하던 이윤이 탕임금이 찾아오니 비로소 세상에 나선 것도 같은 이유다. 천하에 도가 없어진 지 오래다. 세상은 참혹하다. 그러니 자신을 하늘이 장차 뭇사람을 일깨우는 목탁으로 삼으려 한다는 소명 의식을 품었던 것이다.논어 3:24 이윤이야말로 공자가 주장했던 현실 참여의 원형이었다.

그렇다면 이윤은 무엇을 자임했을까? 이윤은 도를 먼저 안 사람이 미처 깨닫지 못한 사람을 깨우쳐야 한다고 했다.『대학』에 나온 대로 먼저 자신의 내면에 있는 밝은 덕[明德]을 밝히고[明], 이 자기 수양의 결과를 '확충'하여 백성을 새롭게 하는[新民] 역할을 기꺼이 맡겠다는 의지를 드러냈다. 이윤은 일개 서민이라도 요순의 은혜를 입지 못한 사람이 있다면 마치 자기가 물고랑에 떠밀어 넣은 듯하여 가슴 아파했다. 이 연민의 마음을 개인적 윤리 차원이 아니라 국가 차원에서 실현하려면 역성혁명의 길밖에 없었다. 그리하여 그는 탕을 설득하여 하나라를 정벌하고 성군의 지혜로 도탄에 빠진 백성을 구하고자 했다.9:7

임금답지 않은 임금은 섬길 수 없다

이윤이 기꺼이 받아들인 자임하는 정신이 무엇인지 알게 되면, 배병삼이 지적한 번역 문제에 관심을 기울이게 된다. 쟁점은 '하사비군 하사비민何事非君 何使非民'을 어떻게 번역해야 하는가다.10:1 주자는 하사비군은 섬기는 바가 바로 군주임을 말하고 하사비민은 부리는 바가 바로 백성임을 말하니, 섬기지 못할 군주가 없으며 부릴 수 없는 백성이 없다고 풀이했다.『맹자집주』 국내에 나온 대부분의 번역서도 이 관점을 택해서 "누구를 섬긴들 내 군주가 아니고, 누구를 부리든 내 백성이 아니겠느냐"로 옮겼다. 배병삼은 주자의 풀이에 기초한 번역에 문제를 제기한다.

『맹자』에서 이윤은 성인의 계보학에 등장한다. 이 계보학의 목적은 그중에 제일은 공자임을 널리 알리기 위해서다. 맹자가 뽑은 성인은 백이, 이윤, 유하혜, 공자다. 각자의 미덕을 드러내면서 그 차이를 말한다. 뜻한 방향은 같았으나, 행한 방식은 같지 않다[不同道]는 것이다.12:6 그러니 이윤을 알려면 백이, 유하혜의 행적과 비교해보아야 한다.

백이는 임금다운 임금이 아니면 섬기지 않고[非其君不事] 올바른 백성이 아니면 부리지 않고[非其民不使] 다스려질 만하면 나아가지만 어지러워지면 곧 물러났다.3:2 또한 폭정이 행해지는 곳이나 횡포한 백성이 사는 곳에는 차마 머물지 못했다. 맹자가 백이를 일러 청렴한 분[聖之淸者]이라 추켜세우면서도10:1 좁다[隘]3:9고 한 까닭이다.

유하혜는 나쁜 임금을 섬기는 것을 부끄러워하지 않고, 낮은 벼슬도 하찮다 여기지 않았다. 출사하면 합당한 도리로 정사를 펼쳤다. 벼슬에서 밀려나 숨어 살아도 원망하지 않았고, 곤궁해져도 근심하지 않았다. 너는 너고 나는 나다. 내 옆에서 벌거벗는다 한들 네가 어찌 날 더럽힐 수 있으랴 큰소리쳤다.3:9 맹자가 유하혜를 일러 화목한 분[聖之和者]10:1이라면서도 오만하다[不恭]3:9 한 이유다.

이윤은 현실 참여라는 점에서는 유하혜와 결을 같이한다. 여민의 세상을 열려고 성왕 탕에게 다섯 번 나아가고 폭군 걸에게 다섯 번 나아갔다.12:6 다스릴 만해도 나아가고 어지러워도 나아갔다.10:1 하지만 세상에 나오기 전에는 백이처럼 은둔하며 청렴하게 살았다. 그렇다면 이윤은 백이와 유하혜의 사잇길을 걸은 성인이라 보아야 한다. 성군이든 폭군이든 자신이 더럽혀지지 않을 자신이 있다고 나선 유하혜는 아니다. 그렇다고 폭군이면 무조건 멀리한 백이도 아니다.

먼저 이윤은 폭군을 만나면 신하의 도리로 왕도의 길을 걷도록 이끌었으나, 거부하면 역성혁명을 일으켰다. 그러나 귀를 기울이고 마음을 비껴 왕도를 펼치면 함께 여민의 세상을 일구었다. 이를 뒷받침하는 사례가 있다. 탕임금의 손자인 태갑이 왕위에 올랐다. 그런데 태갑이 탕의 법도를 뒤집어엎자 이윤이 "나는 도리를 따르지 않는 이가 익숙하지 않다[予不狎于不順여불압우불순]"며 탕의 묘소가 있는 동桐 땅으로 태갑을 유배보냈다. 이 기간에 태갑이 잘못을 뉘우치고, 어진 마음을 갖추고 의로운 이치를 실천했다. 3년이 지나자 이윤은 태갑을 복귀시켜 왕 노릇하게 했다.13:31, 9:6 이처럼 이윤은 임금답지 않은 임금은 섬기지 않았다. 내치거나 개과改過시켰다. 그러므로 하사비군은 폭군은 축출하거나 교정하겠다는 혁명 의지가 담긴 구절이다. 하사비민은 앞에서 확인한 대로 궁핍한 백성을 구제하겠다는 계몽 의지라고 보아야 한다. 그러니 두 문구는 "임금답지 않은 임금은 섬길 수 없으며, 잘못된 백성은 구제해야 한다"[2]라고 옮겨야 마땅하다.

재미있는 사실은 맹자가 이윤을 여러 곳에서 자주 언급한 것에 비해 공자는 이윤을 직접 언급한 적이 없다는 점이다. 『논어』에 이윤이 나오는 대목을 보자. 제자 번지가 어짊을 묻자 공자가 사람을 사랑하는 것이라 말했다. 이 말을 못 알아듣자 "곧은 것을 들어 굽은 것에 놓으면[擧直錯諸枉] 굽을 것을 곧게 할 수 있다[能使枉者直]"고 풀이한다. 번지가 그 뜻을 자하에게 물으니, 순임금이 고요를 등용하자 어질지 못한 자들이 멀어졌고, 탕임금이 이윤을 등용하자 역시 어질지 못한 자들이 멀어졌다논어 12:22고 설명해준다. 공자 역시 이윤을 잘 알 법한데도 그의 행적을 직접 인용하지 않은 것은 주공을 높이 추켜세우기 위해서였을 것으로 짐작된다. 공자가 주공을 얼마나 흠모했던지 꿈에 주공이 나타나지 않자 자신이 늙었노라고 한탄할 정도였다.논어 7:5 공자를 스승 삼아 철학 세계를 세운 맹자는 왜 공자와 달리 이윤을 높이 평가했을까? 이윤이, 여민 체계의 복원을 갈망한 맹자의 꿈이 투사된 정치적 분신이어서라고 헤아릴 수 있다.[3] 인물평에서 맹자가 공자와 달리한 대목은 또 있다. 공자는 정자산을 평가하면서 처신하는 데 공손했고 윗사람을 공경했으며, 백성 돌봄에 은혜로웠고 백성 부림에서는 의로웠다고 했다.논어 5:15 그런데 맹자는 정자산을 두고 비록 은혜롭기는 했지만 정사를 할 줄 몰랐다며 그 평판을 깎아내렸다.8:2 이 사실에서 맹자가 단순히 공자의 아류가 아니었다는 점을 알 수 있다.

탕임금에게 이윤이 있다면, 주나라에는 강태공이 있다. 심지어 강태공은 아버지 문왕과 그 아들 무왕까지 2대에 걸쳐 혁혁한 공을 세웠다. 그런데 공자는 아예 강태공을 언급하지 않고, 맹자는 네 차례에 걸쳐 간략하게 언급할 뿐이다. 왜 이런 일이 일어났을까? 그 실마리는 『사기』에서 찾을 수 있다. 문왕이 은과 맞서면서 천하의 3분의 2를 차지한 것은 강태공의 용병과 계책, 그리고 권모 덕이었다. 무왕이 즉위하자 강태공을 사師(군주를 보좌하는 무관. 태부·태보와 더불어 최고위 관직)에 임명하고 주공을 보輔(천자 좌우에서 보필하는 태신)로 삼았다. 그 후 무왕이 동방 정벌에 나섰다. 군대가 출정하는데 강태공이 왼손에 황색 도끼를, 오른손에 소고리 장식을 한 깃발을 들고 나서서 제후 800명을 모았다. 은을 몰락시킨 최후의 전투인 목야에 참전하였고, 이후 천하를 안정시키는 데 강태공의 계책에 따른 것이 많았다.「제태공세가」

이와 같은 기록을 보면 강태공은 권모술수에 능숙한 마키아벨리에 가까운 인물인 데다 혁명의 '필요악'인 군사적 폭력을 주도한 총사령관이었다. 주공은 덕치의 상징이자 문명 세계의 설계자였다. 두 인물 가운데 공자와 맹자가 누구를 더 숭앙했을지는 충분히 가늠할 만하다. 그런 점에서 맹자가 역성혁명의 대명사인 탕왕과 무왕을 자주 언급한 것과 달리, 공자가 이들을 한두 차례 언급하는 데 그친 이유도 같을 성싶다.

어질고 쓸모 있는 사람이

되기 위한 공부

옛사람은 공부를 최고의 가치로 내세웠다. 현능賢能한 존재가 되려면 끊임없이 공부하고, 공부하는 것 자체를 즐겨야 한다고 보았기 때문이다. 현은 어질다는 뜻이니 참사람이 되려면 공부해야 한다는 뜻이고, 능은 능력 있는 사람이니 세상에 나가 쓸모 있는 사람이 되려면 공부해야 한다는 말이다. 현능해야 하는데 그러려면 호학好學해야 하니, 옛사람의 글에는 어떻게 공부해야 하고 어떻게 가르쳐야 하는지에 대한 내용이 제법 나온다. 서양보다는 동양의 사상가가 특별히 더 공부에 관한 말을 많이 했는데, 공자가 그중 의미 있는 말을 많이 했다. 맹자 역시 배우고 가르치는 법을 언급했는데, 상대적으로 덜 알려진 듯싶다.

우물을 파듯, 시위를 당기듯 배워라

맹자는 어떻게 배우고 가르쳐야 한다고 했을까? 먼저, 배우는 사람은 어떤 정신으로 공부해야 하는지를 말한 부분을 보자. 맹자는 다른 무엇보다도 하다 말면 아무 소용없다고 경고했다. 누구한테나 공부는 어렵다. 조금만 더 가면 정상이지만 지금 너무 지쳐 산에 오르길 포기하기도 한다. 그게 무엇이든 하다 말면 지금껏 해온 게 아무 도움이 안 되더라는 경험은 누구나 있을 테다. 그래서 무엇을 이루려는 것은, 비유하면 우물을 파는 것과 같다. 아홉 길을 파고들어가도 샘에 닿지 못했다고 포기하면 우물을 버리는 것과 같다.13:29 공부하는 것은 마치 우물 파는 것과 같아서 지하에서 물이 솟구쳐 오를 때까지 파고들어가야지 중도에 그치면 안 된다는 뜻이다.

맹자는 공부하는 법을 흐르는 물에 비유해 일깨워주었다. 근원이 있는 샘물은 펑펑 솟아 나와서 밤낮을 흘러가 구덩이를 가득 채운 다음 마침내 바다에 이르는 법이다.8:18 공부하기도 마찬가지다. 아직 잘 모르는 것, 덜 익힌 것, 더 생각해보아야 할 것 등을 그냥 넘기지 않고 반드시 다 채운 다음에 진도를 나가야 한다. 나중에 하겠다고 미루어놓으면 끝내 그 부분은 제대로 알지 못하기 십상이다. 공부의 단계에 대해서도 말했다. 먼저 깊은 경지에 이르려는 것은 스스로 깨달으려 해서다. 이 단계에 오르면 태연해지고, 이어서 지혜가 깊어지며, 이렇게 되면 마침내 진리를 만나게 된다.8:14 좀 어려운 내용이기는 하지만, 스스로 깨닫기 위해서 애쓰다 보면 궁극에는 앎의 자리에 이른다고 쉽게 풀이해 생각하면 된다.

맹자는 공부하는 자세에 대해서도 소상히 밝혔다. 혁추奕秋는 나라에서 바둑을 가장 잘 두었다. 혁추가 두 사람에게 바둑을 가르쳤는데, 한 사람은 마음과 뜻을 다하여 선생의 말에 귀 기울였다. 다른 한 사람은 선생의 말을 듣고는 있으면서도 활로 기러기나 고니 사냥이나 할 궁리를 하였다. 그러면 과연 누가 더 잘 배우겠냐고 묻는다. 누구나 답을 알고 있을 터다. 맹자는 마음을 오로지하고 뜻을 다하지 않으면 터득할 수 없다11:9고 힘주어 말한다. 정말 중요한 지적이다. 가르치는 이의 말에 집중하지 않으면 앎의 자리에 나갈 수 없다. 그것을 꼭 알아야 한다면 어찌 딴생각을 할 수 있겠는가. 내 마음이 다른 데 팔렸으니 귀 기울여 듣지 않는 것이다. 거꾸로, 알고자 하는 마음이 간절하여 가르치는 이의 말을 귀담아듣는다면 반드시 성취가 있으리라.

맹자는 가르치는 사람에게도 당부의 말을 남겼다. 이를 잘 새기면 배우는 사람에게 요구되는 덕목이 무엇인지 알 수 있다. 제자 공손추가 진리는 고상하고 아름답지만 너무 높아 마치 하늘과 같으니, 배우는 이가 지레 못 할 듯이 여겨 포기할까 걱정스럽다고 했다. 그러면서 옛적의 빼어난 선생님들은 배우는 이들이 그 높이에 닿을 수 있다고 여기도록 애쓰지 않은 이유가 무엇이냐고 여쭈었다. 그러자 맹자는 서툰 목수를 위해 도목수가 먹줄 치는 법을 고치거나 없애지는 않는 법이라 대답했다. 또 다른 예를 들었는데, 이번에는 활쏘기의 명사수인 예라는 사람을 이야기했다. 예는 서툰 궁사를 위해 활 당기는 기준을 바꾸지 않는다. 스승이 시범을 보였을 때 따라 할 수 있다면 따라서 하면 된다는 말도 덧붙였다.13:41 어렵다고 원칙을 바꾸면서 가르쳐달라고 해서는 안 된다. 기본을 닦는 것은 누구에게나 어렵다. 그리고 수준이 높아지면 가르치는 사람이 아무리 애써도 쉽게 이해할 수 없는 내용이 있게 마련이다. 배우는 사람이 이해하려고 기를 써서 공부해야 비로소 눈이 뜨인다. 참된 공부가 얼마나 어려운 건지 알 수 있다.

앞에 든 비유는 『맹자』에 자주 나온다. 예가 활쏘기를 가르친다 해도 반드시 활시위를 한껏 당기도록 할 것이다. 그러면 배우는 사람도 스승을 좇아 시위를 끝까지 잡아당겨야 한다. 처음 활쏘기를 배우는 사람이 시위를 팽팽하도록 끝까지 당기는 것은 엄청 힘든 일이다. 중도에 포기하고 싶을 테고, 다른 방법이 없나 묘책을 찾기도 할 것이다. 그러나 어찌 다른 길이 있겠는가. 시위를 끝까지 잡아당기는 것은 활쏘기의 첫걸음일 뿐, 끝내는 과녁에 명중하도록 훈련해야 한다. 그런데 첫걸음부터 힘들다고 요령을 피우면 어찌 배울 수 있겠는가. 훌륭한 목수가 기술을 가르칠 때는 반드시 그림쇠와 곱자 사용법부터 가르친다. 나무를 다루는 사람이라면 당연히 나무에 자로 줄을 그어 잘라서 쓸 줄 알아야 한다. 그런데 배우는 사람이 서둘러 다른 것부터 배운다며 그림쇠와 곱자 쓰는 법을 배우지 않으면 어찌 되겠는가.11:20 공부에는 다 기본이 있으니, 그것부터 착실히 익혀야 응용 능력을 키울 수 있는 법이다.

맹자는 스승이 모든 것을 가르칠 수 없다는 점도 확실히 밝혔다. 목수와 수레 장인은 그림쇠와 곱자 쓰는 법을 가르칠 수 있다. 그러나 정교한 기술은 가르칠 수 없다.14:5 학교 수업이든 사교육이든 죄다 가르지는 사람에게 기내다 보니 배우는 사람이 스스로 해야 마침내 앎에 이른다는 점은 무시된다. 나무에 선을 제대로 긋는 법을 가르쳐주었다면 어떤 돌발 상황에서도 스스로 나무를 잘 다루어 집을 짓거나 가구를 만들 줄 알아야 한다. 말로는 도저히 설명할 수 없는 그 어떤 부분은 바로 배우는 사람이 스스로 실험하고 도전하고 실패하는 과정에서 터득하게 마련이다.

맹자는 공자가 제자를 가르친 다섯 가지 방법을 자세히 설명해놓았다. 첫째, 때맞춰 내린 단비처럼 배우는 이를 변화시켰다. 이것은 배우는 이가 새로운 내용을 알고자 하는 열정이 가득할 적에 스승이 일깨워주었다는 뜻으로 볼 수 있다. 늘 공부하는 것을 좋아하는 사람에게만 오는 기회다. 둘째, 덕성을 완성시켜주었다. 오늘날 공부는 오로지 성적 올리기에 치우쳐 있다. 명문 대학에 가기 위해서든, 좋은 직장을 얻기 위해서든 말이다. 하지만 아무리 능력 있더라도 양보와 배려를 잘하는 리더의 덕을 키우지 못하면 결코 바라는 바를 이룰 수 없다. 셋째, 재능을 실현시켜주었다. 누구나 다 가능성을 씨앗처럼 품었다. 문제는 이것을 발견하고 발굴하여 발현시킬 수 있느냐 하는 점이다. 지금 어렵고 힘들더라도 포기해서는 안 된다. 아직 내 재능이 무엇인지 모른다고 걱정할 필요는 없다. 살다 보면, 또는 공부하다 보면 스스로 깨닫게 되거나 부모나 주변 사람한테 도움말을 들어 알게 될 터다.

넷째는 물음에 답하여 주었다. 공부는 의문을 품는 것이다. 권위 있는 누가 말했다고 해서 주눅이 들어 무조건 받아들이는 것은 참된 공부가 아니다. 과연 왜 그런지 그 이유나 원리는 무엇인지 톺아보고, 그것에 어떤 문제점은 없는지 샅샅이 뒤져보고, 더 나은 것을 찾아낼 수는 없는지 의문시하고 스승에게 도전적으로 질문해야 한다. 스승의 답변이 자신의 지식이나 가치관에 맞지 않으면 논쟁을 벌여야 한다. 이런 과정을 거쳐 비로소 우리는 진정한 앎의 자리에 이르게 되고, 이것이야말로 공부라 할 수 있다. 끝으로 홀로 잘 습득하게 해주었다.13:40 우리가 어머니의 자궁에서 안전하고 행복하게 있다가도 때가 되면 이 세상에 나와 탯줄이 잘려야 하듯, 우리의 공부도 언젠가는 누구의 도움 없이 스스로 문제를 이해하고, 그것을 풀어내고, 새로운 대안을 제시할 수 있는 수준이 되어야한다. 그럴 때 비로소 공부가 완성되는 것이다.

유가는 공부의 중요성을 늘 강조했다. 현실에서 능력 있으면서도 도덕적 완성자가 되는 길은 끊임없이 공부하는 과정에서 얻는 결과이기 때문이다. 입시나 입사만을 위해 공부해온 우리는 어쩌면 입맛을 잃고 허겁지겁 성찬을 먹는 사람과 같은 꼴인지 모른다.『맹자』를 읽으며 진짜 공부란 무엇인지, 어떻게 해야 하는 건지 곱씹어본다는 것은 입맛이 돌아 비록 소찬이더라도 음식 맛을 세대로 즐기며 밥올 먹는 즐거움을 되찾는 것과 같다.

진심을 헤아려 읽어라

『맹자』에는 책 읽는 태도나 방법에 관한 내용도 나온다. 오늘 우리는 서양에서 널리 알려진 독서법만 아는 경우가 많은데, 기실 동양에도 우리에게 큰 울림을 주는 독서법이 제법 많다. 대표적으로 맹자의 이의역지以意逆志를 들 수 있다. 한자로만 보면 어려운 말이지만, 알고 나면 고개를 주억거리게 된다.

의意는 읽는 이의 생각과 판단을 뜻한다. 지志는 지은이의 의도를 가리킨다. 읽는 책의 주제라고 보면 된다. 역逆은 '헤아린다'고 풀이한다. 이를 합치면 읽는 이의 마음으로 지은이의 의도를 헤아린다는 뜻이 된다. 이 말이 나오게 된 사정을 살펴보자.

제자 함구몽이 순이 요임금과 아버지 고수를 신하로 삼았다며 맹자에게 덤벼들었다. 맹자가 그런 일이 없다며 동쪽 야인이 지어낸 허튼소리라 하자 함구몽이 반격한다. 『시경』「소아」 중 '북산'에 나온 "온 하늘 아래 왕의 땅이 아닌 곳이 없고, 땅끝까지 왕의 신하가 아닌 자가 없다"는 구절을 인용하면서 순이 임금이 되었는데 고수를 신하로 삼지 않은 연유가 무엇이냐 따져 물었다. 그러자 맹자는 그 시구절은 그런 뜻이 아니라고 반박했다. 나랏일에 바빠 부모를 모실 틈이 없다는 뜻이란다. 맡은 일에 왕의 업무가 아닌 것이 없는데, 나 혼자 힘들고 수고롭다는 하소연을 담았다는 것이다. 그러면서 시를 해석하는 사람은 글자 때문에 구절을 오해하지 말고 구절에 집착해 시 전체의 뜻을 곡해하지 말며, 읽는 이의 뜻으로 시인의 진심을 헤아려야 그 시를 제대로 이해할 수 있다고 했다.9:4

맹자가 스승이니 제자 함구몽의 시 해석이 무조건 틀렸다고 보는 것은 올바른 독서가 아니다. 시 전체를 보고, 과연 누구의 해석이 맞는지 살펴보아야 한다. 함구몽이 한 구절만 인용한 시의 전체 내용을 보면 이렇다.

북산에 올라가서 구기자잎 뜯었다네 씩씩한 남자들이 아침저녁
종사하니 나랏일이 쉴 틈 없어 우리 부모 근심하네

넓은 하늘 아래가 나라 땅 아님 없고 물가 따라 그 끝까지 왕의
신하 아님 없네 다 같은 신하거늘 나만 홀로 고달프네

네 필 말 쉴 새 없고 나랏일은 끝이 없네 내 아직 늙지 않고 내
나이 젊다 하여 힘이 한창 건장하니 사방 경영 하라시네

어떤 이는 편히 쉬고 어떤 이는 일만 하고 어떤 이는 편히 자고
어떤 이는 쉴 새 없네

어떤 이는 남의 고생 모르고 어떤 이는 고생만 하고 어떤 이는
편히 놀고 어떤 이는 초라하네

어떤 이는 즐겁게 술 마시고 어떤 이는 허물 될까 마음 졸이고
어떤 이는 아무 말 막 하는데 어떤 이는 안 하는 일 없다네[1]

함구몽이 인용한 구절만 보면 그의 해석이 그럴듯해 보이지
만, 전체 시를 살펴보면 오독임을 알 수 있다. 요즘 말로 하면
시청에 혼자 남아 밤늦게 일하는 공무원이 자기만 일 시킨 상
사를 원망하는 내용이라 보면 딱 맞다. 이런 사정을 말하고 나
서 맹자가 이의역지라는 말을 했으니, 대략 그 뜻이 무엇인지
이해할 수 있을 터다. 꼭 시만 그런 것은 아니다. 무슨 갈래의
글이든 기본적으로 지은이가 말하고자 한 바가 무엇인지 알
아보려고 애쓰는 태도가 중요하다. 이의역지를 설명하고 나서

맹자는 『시경』 「대아」 중 '운한'에 "주나라에 그 많던 사람들, 남은 사람이 하나도 없네"라고 했는데, 이 노랫말대로 하면 주나라에는 남은 사람이 없어야 할 것이 아니냐고 함구몽에 묻는다. 어찌 그러겠는가. 어떤 사건으로 예전보다 사람이 적다는 말을 과장해서 한 것인데 곧이곧대로 해석하면 되겠냐는 힐난이다. 이의역지는 요즘 말로 하면 지은이가 말한 바를 치밀하게 이해하려는 분석적 독서라 이름 지을 만하다.

묵가의 일원인 이지夷之가 맹자를 비판하면서 약보적자若保赤子라는 말을 인용했다. 이지는 이 말을 단어 본디 뜻에 주목하여 백성을 갓난아기 보호하듯 한다고 풀이하고는, 사랑에는 차등이 없으나 베풀기는 부모에게서 시작된다고 주장했다. 내 자식 사랑하는 마음과 백성을 사랑하는 마음이 한결같다는 뜻이다. 이 말을 전해 들은 맹자는 즉각 반박했다. 약보적자가 쓰인 문맥에 주목해야 하는데, 이 말은 젖먹이가 기어가다가 우물에 빠지는 것은 그 아이의 허물이 아니라는 뜻이라 했다. 여기에는 생략된 내용이 있어 보인다. 맹자가 보기에 이지가 유자입정이라는 말을 들은 모양이다. '남의 자식인데도 구하고자 하는 마음이 들었다면, 맹자가 평소 지론과 달리 겸애를 지지하는 발언을 한 것이 아닌가'라고 생각한 듯하다. 맹자는 이를 바로잡아야겠다고 마음먹었을 터다. 그래서 약보적자의 뜻을 새롭게 정의하고 이지에게 '정말로 사람들이 제 조카를 친애하는 것과 이웃집 아이를 친애하는 것을 똑같이 여긴다고 생각하는가?'라고 공박했다.5:5 약보적자라는 말을 두고 차등애냐 겸애냐 하는 대단히 깊이 있는 철학적 논쟁을 펼친 셈이다.

그렇다면 약보적자라는 말의 해석은 누구의 것이 맞을까? 이 말은 『서경』「주서」중 '강고'에 나온다. '강고'에는 주나라 무왕이 동생인 강숙을 위나라 제후 자리에 앉히면서, 재판은 엄격하게 하고 형벌은 신중하게 내리라고 한 도움말이 담겨 있다. 문제의 말이 들어간 구절을 인용하면 다음과 같다.

왕이 말씀하셨다. "아! 봉이! 형벌이 조리가 있어야 분명하게 따를 수 있게 되어 백성이 조심하고 법을 지키고자 힘쓸 것이다. 병을 없애듯이 악을 제거하면 백성이 모두 죄를 짓지 않게 되고, 어린아이를 보호하듯이[若保赤子] 선을 지켜나가면 백성이 안락하고 다스려질 것이다. 너 봉이 사람을 벌주고 사람을 죽이는 것이 아니니 혹시라도 사사롭게 사람을 벌주고 죽이지 마라. 다시 말하건대, 너 봉이 코 베고 귀 베는 것이 아니니 혹시라도 사사롭게 코를 베고 귀를 베지 마라."[2]

전체 내용은 형벌을 내릴 때 신중하라는 뜻을 담았다. 이 관점에서 약보적자를 읽으면 맹자의 풀이가 타당해 보인다. 아이가 우물에 빠진 허물은 부모에게 있듯, 백성이 곤경에 빠진 것은 공직자의 허물이다. 만약 재판관의 잘못된 판단으로 백성이 사형을 선고받는다면, 그 책임은 누구에게 있는가? 당연히 재판관에게 있다. 그러니 형벌을 내릴 적에 심사숙고해 판단해야 한다. 그렇다면 약보적자는 어미가 자식을 아끼듯 만백성을 사랑하라는 것이 아니라, '마치 어미가 아기를 조심스럽게 다루듯'으로 해석해야 옳다는 것이다.[3] 말의 사전 풀이에 만족하지 않고, 원문의 진의에까지 나아가 본래 뜻을 이해하는 이의역지 독서법의 대표적인 사례다.

맹자가 지은이의 본뜻을 이해하는 독서법만 강조한 것은 아니다. 오늘로 치면 지은이의 가치관이나 세계관에 도전하는 비판적 독서법도 중요하게 여겼다. 어느 날, 맹자가 제자들과 『서경』을 함께 읽고 토론했던 모양이다. 맹자가 『서경』을 글자 그대로 믿을 수는 없다고 도발했다. 특히 「무성」은 두어 쪽만 읽을 만하다고 했다. 이유인즉슨 어진 사람이 불인한 사람을 정벌하는데 어떻게 피가 흘러 절굿공이를 떠내려가도록 할 수 있겠느냐는 것이다.14:3 맹자 말을 무조건 옳다고 볼 수는 없다. 이 역시 원문과 비교해보자.

이미 무오날에 군사가 맹진을 건너서 계해날엔 상나라 들에 진을 치고 하늘의 아름다운 명을 기다리셨다. 갑자날 새벽에

수는 숲 같은 그의 군사들을 거느리고 목땅의 들에서 만나 싸웠다. 그러나 우리 군사들에 전혀 대적하지 못하였으니, 앞에 있던 무리들은 창을 거꾸로 잡아 들고 뒷사람을 쳐서 달아나게 하니 피가 흘러 절굿공이가 떠다녔다.[4]

주무왕이 상나라의 주를 토벌하러 나섰는데, 두 군대가 목야에서 만났다. 두 나라의 운명을 건 최후의 전투였는데, 여기서 주나라가 이겨 상나라를 멸망시키고 새로운 왕조를 일으켰다. 맹자가 읽은 『서경』에는 아마도 주나라가 상나라에 맹공을 퍼부어 전멸에 가까운 수준의 전과를 올렸고, 그래서 상나라 군사가 흘린 피가 큰 강을 이루듯 하여 절굿공이가 떠다녔다는 식으로 쓰였던 모양이다. 맹자는 이런 기록이 탐탁지 않았다. 역성혁명을 일으켜 타락한 군주를 쫓아내고 새로운 왕조를 여는 정신을 훼손하는 내용이라 여긴 것이다. 사실事實과 사실史實의 차이를 기록자가 잘 몰랐다는 뜻이다.

『서경』은 공맹에게 매우 중요한 역사서다. 공맹이 말한 철학의 역사적 근거가 두루 이 책에 담겨 있다. 스스로 가치를 높인 책이지만, 무조건 신봉한 것이 아니라 본뜻을 왜곡했다면 얼마든지 비판할 수 있다고 여겼다. 그런데 인용문을 보면 알겠지만, 주나라가 상나라 군사를 쳐서 피가 흘러 절굿공이가 떠다녔던 게 아니다. 상나라 군사는 주나라에 대적하지 못하고 자중지란을 일으켜 자기들끼리 서로 죽였다고 되어 있다. 오늘 우리가 보는 『서경』이 상나라 군사들이 서로 싸우다가 피를 흘렸다는 내용으로 바뀐 것은 어쩌면 맹자가 『서경』의 이 대목을 강하게 비판해서 후대 사람이 바로잡은 것인지도 모르겠다.

널리 배우고, 자세히 묻고, 신중하게 생각하고, 분명하게 구분하고, 독실하게 행해야 한다. 「중용」 20장 맹자의 이의역지를 실제 적용하는 하나의 방식이다. 치밀하게 읽고, 신중하게 생각하고, 비판적인 질문으로 새로운 앎의 지평을 여는 것이 참된 독서라 할 법하다.

담
담
한
삶

천하는 바야흐로 합종연횡에 힘을 쓰며 시로 공격하고 징벌하는 것을 옳다고 여겼다. 오로지 맹자만이 요순우를 비롯해 탕문무의 덕을 설파했다. 시대의 이단아였던 만큼 제나라, 양나라, 노나라 등 어디를 가든 왕과 뜻이 맞지 않았다. 맹자는 기원전 372년경 지금의 산둥성 쩌우청시鄒城市인 추현鄒縣에서 태어났다. 그는 당대를 떠들썩하게 하던 사상가를 두루 섭렵하고, 마침내 공자의 철학을 사숙私淑하여 그를 스승으로 삼았다.8:22 도탄에 빠진 세상을 구제하려 지천명의 나이에 유세에 나섰다. 이제, 그 대장정을 끝내야 할 때를 맞이했다. 종심소욕불유구從心所欲不踰矩, 칠십의 나이에 만장을 비롯한 제자들을 이끌고 고향으로 돌아왔다.

들뜨지 않고, 성내지 않는다

세상에 대한 미련을 버리고 고향으로 돌아가는 맹자의 심정은 어떠했을까? 미루어 짐작하게 하는 대목이 있다. 맹자가 제나라를 떠날 적에 제자 충우가 물었다. "선생님의 표정을 보니 울적해 보입니다. 선생님께서 가르치시길 군자는 하늘을 원망하지 않고 사람을 탓하지 않는다 하셨잖습니까?" 거침없고 날카로운 질문이다. 맹자가 답변했다. "내가 늘 말했지만 500년마다 난과 치가 갈마든다. 난의 시대가 700년이나 지났다. 치의 시대가 도래해야 마땅하다. 그런데 왜 아직 이런 고통의 터널을 지나야 하는 걸까? 하늘이 천하를 평화로 이끌겠다고 마음먹지 않아서다. 만약 때가 온다면 천하를 평화롭게 할 사상가가 나 말고 누가 있겠느냐. 나는 소명 의식이 있으니, 울적해야 할 이유가 없다." 4:13

충우는 공자의 말을 인용해 스승을 공박하는 무기로 삼은 모양이다. 공자가 자공과 함께 있을 적에 "나를 알아주는 이가 없구나!"라고 말했다. 자공이 왜 알아주는 이가 없다고 하시냐고 물으니 공자가 답했다. "나는 하늘을 원망하지 않는다. 나는 아래에서 배워 높은 경지까지 이르렀다. 이런 나를 알아주는 이는 저 하늘일 뿐이로다." 논어 14:37 공자는 천하를 주유하며 최선을 다했다. 그러다 삶의 끝에 이르렀다. 자신의 철학을 받아들이고자 하는 군주를 끝내 만나지 못했다. 그 안타까움이 토해놓은 공자의 탄식과 달리, 맹자는 원망하는 마음이 있다고 충우가 물고 늘어졌다. 맹자는 단호하게 부인했다. 소명을 자임한 이만이 품을 법한 자신감이다.

이런 삶의 태도를 유추해볼 만한 맹자의 말이 있다. 제나라가 설나라에 성을 쌓으려 해서 대단히 두렵다고 등문공이 토로한 적이 있다. 등나라는 작은 나라라 힘을 다해 대국을 섬기지만 제나라는 침탈하려고 호시탐탐 노리니 어떻게 하면 좋겠냐고 물었다. 맹자는 등문공에게 과거의 일을 들려주었다.

문왕의 할아버지인 고공단보古公亶父가 빈邠 땅에서 나라를 다스릴 적에 북방 오랑캐가 쳐들어왔다. 개와 말을 바치고 구슬과 옥까지 바쳤지만 소용없었다. 고공단보가 장로를 소집해서 심정을 밝혔다. 오랑캐가 바라는 것은 토지다. 군자는 사람 기르는 땅으로 사람을 해쳐서는 안 되는 법이라고 말했다. 고공단보가 영토에 대한 욕심을 내려놓겠다 하며 기산으로 거처를 정했다. 그러자 사람들이 어진 사람인데 어찌 놓치겠냐며 짐을 바리바리 싸서 고공단보를 쫓아갔다.

이 이야기를 들려주고 나서 맹자가 등문공에게 말했다. 온갖 고난을 이겨내고 선정을 펼친다면 반드시 후세에 왕자가 나올 것이다. 고공단보의 고난과 양보, 그리고 문왕의 성공을 떠올려보라. 나라를 세우고 이를 계승하고자 하는 열망이야왕이라면 당연히 다 품고 있다. 하지만 이것은 하늘에 달려 있다. 임금으로서 지금 할 수 있는 일이 무엇이겠는가? 힘껏 선정을 베풀 뿐이다.2:14~15 지금 당장 열매를 맺으려 안달복달할 일이 아니다. 임금이 해야 할 일을 할 뿐이다. 나머지는 역사가 결정한다. 그야말로 진인사盡人事하고 대천명待天命할 뿐이다.

맹자가 패기 넘치는 청년 송구천에게 유세하는 법을 일러준 적이 있다. 아마도 송구천의 기대는 컸으리라. '일타강사'의 도움말이니 말이다. 맹자는 사람들이 알아들어도 담담하고 [囂囂]알아듣지 못해도 담담하라고 했다. 기대에 못 미쳤는지 송구천이 어떻게 해야 담담할 수 있느냐고 물었다. 맹자는 덕을 존중하고 의를 즐기면 된다고 말했다.13:9 공자나 맹자나 삶의 일관된 태도는 담담함, 즉 효효였을 터다. 조기는 효효를 일러 자득自得하여 욕심이 없는 모양이라 했다.『맹자집주』 배병삼은 남이 알아준다고 들뜨지 않고, 또 남이 몰라준다고 성내지 않는 담담한 마음이라 하면서 부동심不動心의 다른 표현이라 보았다.[1]

그 담담함은 어디에서 비롯했을까? 순임금은 농사꾼인데 천자가 되었다. 부열은 토목공사장에서, 교격은 물고기 잡고 소금 굽다가 자리를 얻었다. 이런 사례는 차고 넘친다. 관이오는 옥중에서, 손숙오는 바닷가에서, 백리해는 시장통에서 발탁되었다. 이들은 심지가 괴롭고 힘줄과 뼈마디가 수고롭고,

육신은 굶주렸고 생활은 궁핍하였으며 하는 일마다 잘못되었다. 여기에는 하늘의 큰 뜻이 있었다. 장차 큰 임무를 맡을 사람의 마음을 흔들어서 참을성을 키워 지금껏 할 수 없던 일을 감당케 하려는 것이었다.12:15 신화에 보면 으레 통과의례가 나온다. 반드시 고난을 겪어야 그만큼 성장하고 성취한다는 만고의 진리를 이야기식으로 풀어낸다. 뜻을 이루지 못하고 이 나라 저 나라 떠돌아다니더라도 자긍심은 꺾이지 않았다. 이룬 일이 없다고 조롱하고, 그런 식으로 어찌 천하통일을 이룰 수 있냐고 비아냥거려도 상처받지 않았다. 마음 상할 것 없다. 선비는 본디 숱한 구설에 시달리게 마련이나, 옛사람이 노래하지 않았는가. 그 명성에 흠집을 내지 못했네라고.14:19 오로시 성선과 요순의 도리를 따를 때만 진정한 평화 체제가 이루어질 수 있으리라 믿을 뿐이다.

덕성이 뿌리내린 사람의 마무리

제자와 함께 고향에 돌아와 『시경』과 『서경』을 연구하고, 공자 사상을 밝히려 책을 쓰던 맹자의 노년 생활은 어떠했을까? 아쉽게도 자료가 남아 있지 않아 정확히 알 수 없으나, '공자 키드'인 맹자는 분명히 『논어』에 기록된 공자의 삶을 좇았을 법하다. 어느 날 공자가 자로, 증석, 염유, 공서화와 자리를 함께했다. 공자가 만약 누가 너희를 알아주면 무엇을 하고 싶냐고 물었다. 성질 급한 자로가 나섰다. 천승의 나라가 침략을 당하고 기근에 시달린다면, 내가 다스린 지 3년 만에 백성을 용맹케 하고 나아갈 길을 밝힐 수 있으리라 호언장담했다. 머리가 비상한 염유는 사방 50~70리 되는 나라를 다스린다면 3년 만에 백성을 풍족하게 할 수 있겠지만, 예악은 이루지 못할 성싶다 했다. 공서화는 겸양을 떨었다. 능한 것이 없어 더 배워야 하나, 혹 기회가 주어진다면 종묘의 일이나 외교 활동에서 작은 역할을 맡고 싶다 했다.

동학이 자신의 포부를 내보일 때 증석은 거문고를 뜯고 있었다. 연주를 마친 다음, 그는 '나는 세 사람과 다르다'고 입을 떼었다. 늦봄, 새로 지은 여름옷을 입고 어른 대여섯과 아이들 예닐곱과 함께 노나라 남쪽에 있는 개울인 기수에서 몸 씻고, 기우제를 지내던 무우에서 바람 쐬다가 노래 부르며 집으로 돌아오고 싶다고 했다. 공자가 찬탄하며 나는 증석과 함께하겠노라 했다.논어 11:25

분명히 맹자는 모든 유혹과 욕망에서 해방되었을 터다. 반드시 내 손으로, 내가 살아 있을 적에 여민 세상을 열겠다는 것도 욕심이다. 폭력으로 치닫는 권력이라는 말에 고삐를 매어 평화의 길로 들어서게 하겠다는 것도 이제는 유혹이다. 집

착하지 말고[勿正] 잊지 말고[勿忘] 조장하지 말라고[勿助長] 스스로 말하지 않았던가.3:2 다, 했다. 그러니, 이제 맑은 평정심을 유지하며 후학과 공부하고 짬 나면 개울가에서 몸 씻고 동산에 올라 바람 쐬며 진리의 불꽃이 사그라지지 않고 연면히 이어질 길을 찾을 뿐이다.

그러니 맹자는 알지 못하면 분발하여 밥 먹는 것도 잊어버리고, 깨달으면 즐거움으로 근심도 잊어서 늙음이 다가오는 것도 알지 못하였을논어 7:18 터다. 거친 밥 먹고 물 마신 뒤에 팔 베고 누웠으니 그 가운데 즐거움이 있다. 의롭지 않은 방법으로 부귀하게 되는 것은 나에게는 뜬구름과 같다논어 7:15며 노년의 삶을 즐겼을 성싶다. 그리하여 맹자는 어느 경지에 이르렀을까? 마음에 뿌리내린 인의예지의 덕성이 겉으로 피어나 해맑은 기운이 얼굴에 감돌고, 등짝으로 넘실거리다가[睟面盎背] 급기야 온몸으로 퍼져나갔다.13:21 또한, 맹자가 지나가는 길에는 사람이 감화하고[所過者化], 머무는 곳에서는 신비한 일이 일어났을 터다[所存者神].13:13

인간의 성선을 밝히고(본성론), 이를 확충하여 왕도를 펼쳐야 하며(왕도론), 왕도를 실천하지 않는 군주는 쫓아내야 한다(혁명론)는, 달리 말하면 타고난 선한 마음을 바탕으로 이를 친친·인민·애물로 확충하고, 호연지기로 사생취의하는 삶을 살아야 한다는, '철학 삼종 세트'를 완성한 맹자는 아마도 기원전

289년 동짓날, 병들어도 공자처럼 귀신에게 기도드리지 않으며 보냈을 노년의 삶논어 7:34을 마감한 듯싶다.

나를 비춘 별

살다 보면 별생각 없이 쓰던 단어의 뜻을 온몸으로 느낄 때가 있다. 칠흑 같은 어둠이라고 할 때, 칠흑漆黑은 옻칠처럼 검다는 뜻이다. 오늘에야 옻칠한 물건을 만나기 어려우니 얼마나 검은지 알 길 없지만, 이 말의 흔한 쓰임새로 보아 무척 어두운 상황을 이르는 것이라는 점은 짐작할 만하다. 그날 내가 맞닥뜨린 상황이 꼭 그러했다. 정말 칠흑 같은 어둠에 둘러싸여 눈앞에서 코를 베어가도 누군지 모를 정도로 깜깜했다.

어쩐지 이상했다. 버스에 중고등학생들이 타고 있기는 했지만, 정류장에 랜턴을 든 어른이 옹기종기 모여 있다가 제 식구를 찾아 데리고 갔더랬다. 순간, 마을에 좋지 않은 일이라도 있어 사람들이 긴장해 저러나 했다. 시골길이 밤중에 무섭기는 하지만, 서로 아는 사이라 해코지할 리는 없다고 여겼다. 그러나 그런 게 아니었다. 달도 얼굴을 가리고 별들도 제 몸을 드러내지 않으면, 인공의 불빛이 길을 비추지 않는 시골길에서는 그야말로 한 치 앞을 내다볼 수 없는 상황이 펼쳐졌다.

당황한 나에게 한 중년 여인이 자기 집으로 가서 전화하라고 했다. 핸드폰도 없던 시절이라 그럴 수밖에 없었다. 인심 좋아 저녁밥 먹으라는 것을 손사래 쳐가며 거절했다. 마루에 앉아 두런두런 이야기하다 외숙모가 와서 함께 갔다. 다 큰 청년이 의지할 불빛이 없어 초로의 여인에게 신세를 져야 했다.

하긴 내 젊은 날이 말 그대로 앞이 깜깜했던지라, 그날은 내 삶에 대한 알레고리였는지도 모른다. 도통 어디다 발을 디뎌야 할지 알 수 없었다. 정치적 폭압은 극에 이르렀고, 이에 대한 저항은 폭력으로 내딛던 시절이었다. 대의에는 동의하나 방법은 달라 동참할 수 없는 회색인이 되어 있었다. 거기에다 개인적으로도 심각한 고민거리가 있었다. 내가 무엇을 잘할 수 있을지, 세상에 나가 밥벌이는 할 수 있을는지 의심했다. 국문과를 다니던 시절, 문학이론에 관심을 기울였다. 그런데 아무리 생각해도 대학원에 진학할 가능성은 없었다. 빨리 사회에 나가 제 앞가림이라도 해야 한다는 무언의 압박을 받았다.

대학에 들어온 것만 해도 용했다. 지금 생각해도 어떻게 대학에 들어갈 생각을 했나 싶을 정도다. 그래도 다녔고, 공부했고, 버텼다. 어느 날에는 이 나라에 시인이 대강 몇 명인가 속으로 셈하다 스스로 한심해졌다. 그 대열에도 끼지 못한 신세가 처량했다. 내가 다니던 학교를 졸업한 문인이 특별히 많아서 그랬을 것이다. 거기다 심심하면 수업 팽개치고 술 마시던 선배들은 학생인데도 이미 문인이었다. 덜 떨어진 놈이라는 말은 그 누구도 하지 않았지만, 내가 나에게 할 수밖에 없는 말이었다.

그즈음 손에 든 책이 죄르지 루카치의 『소설의 이론』이었다. 소문대로였다. 한낱 '소설 나부랭이'에 이 정도의 철학적 무게를 둘 수 있는 학자가 또 누가 있다는 말인가. 미치도록 그 책에 매달렸다. 참으로 우리는 산산이 부서진 세계를 살고 있지 않은가. 그래서 고통스럽고 외롭고 힘들다. 우리는 본래 분리되지 않은 세계, 총체성을 그리위하고 있다. 아마도 엄혹한 현실에 대한 좌절감에 시달리다 보니 루카치의 말에 더 크게 공명했는지도 모른다. 이 짧은, 그러나 무척 어려운 책을 거듭 읽어나가자 내 마음속에 하나의 별이 떴다. 헝가리 출신의 혁명가이자 문학이론가이자 철학자. 그의 책을 별 삼아 1980년대라는 미증유의 시대를 헤쳐나갔다.

배병삼 교수는 대학 선배다. 내가 귀동냥한 그의 학문적 궤적은 이렇다. 78학번인 배 교수는 변혁 운동의 열기에서 벗어나지 않았다. 석사 시절 마르크스를 공부했다. 근데 그에게 권력론이 부재하다는 사실을 알았다. 그래서 마키아벨리를 탐구했다. 박사 시절, 서양 정치철학의 한계를 인지하고, 동양 정치철학에 심취했다. 박사논문이『다산 정약용의 정치사상에 관한 연구』인 것은 이런 연유다. 얼마나 매력 있는가. 유행을 따라 공부의 방향을 바꾼 것이 아니다. 발 딛고 있는 이곳의 정치 상황을 개선하기 위한 치열한 철학적 모색의 결과였다.

2002년 배 교수가『논어』완역 및 해설본인『한글세대가 본 논어』를 펴냈다. 뜨거운 마음으로 읽었다. 동양철학 전공자도 아니다. 대학원 스승 가운데 동양 정치철학을 전공한 이도 없었다. 한문을 새로 배워야 했을 터다. 얼마나 외롭고 힘들었을까. 그 고비를 이겨내고 마침내 해낸 놀라운 성과였다. 읽으며 탄성을 질렀다. 제대로 된『논어』번역본이 나왔구나 싶었다. 세상의 평가가 궁금했다. 그런데 웬걸, 책이 나왔다는 소식조차 퍼지지 않았다. 분노가 치솟았다.

이 말이 배 교수에게 누가 되지 않는다면, 나는 그때 결심했다, 라는 말을 털어놓는다. 내가 반드시 그이를 세상에 알리고 말겠다고. 선배여서가 아니다. 그러기에는 인연이 너무 실낱같다. 그것은 한 학인이 거둔 놀라운 성과를 냉대하는 데에 대한 공분이었다. 주변 사람들이 비웃는 듯했다. 네가 어찌 그럴 수 있겠냐고? 기회가 왔을 때 나는 기획자로 배 교수와 함께 작업했다. 청소년을 위한『논어』해설서『논어, 사람의 길을 열다』(사계절)가 바로 그것이다. 감히 말하지만,『논어』이해의 첫걸음으로는 최고의 책이라 자부한다.

나는 왜 배병삼에 사로잡혔을까. 두 가지만 꼽아보면 이렇다. 일단은 그의 문장력이다. 어느 자리에선가 배 교수는 국문과 사람들과 사귀었던 것은 글을 잘 쓰고 싶어서였다고 말한 적이 있다. 그 시절 대학가뿐만 아니라 문단을 휘젓고 다닌 이들과 친분을 쌓으며 글에 대한 감각을 키웠던 모양이다. 그의 글은 잘 읽힌다. 소리 내 읽으면 리듬감마저 있다. 그러니 그가 번역한『논어』는 잘 읽히고, 이해된다. 인문학자한테 이런 미덕이 있다는 것은, 독자 대중과 타협하지 않고도 자기 세계를 펼칠 수 있는 강점이 된다.

다음으로는 치열한 문제의식이다. 배 교수의 글을 읽다 보면 그가 정치학자라는 사실을 새삼 깨닫게 된다. 지금 이곳에 대한 치열한 문제의식으로 고전을 읽어나간다. 학문의 성채에 갇힌 고전은 아무 의미 없다. 지적 허기에 시달리는 교양인의 양식이 되지 않는 고전이란, 이미 고전이 아니다. 그러나 이 일은 저절로 일어나지 않는다. 뛰어난 학자만이 해낼 수 있다.

나는 배 교수를 압박했다. 이제『맹자』완역 및 해설본을 내야 한다고. 입에 침이 마르도록 재촉했지만, 사람 좋은 미소만 보였다.『한글세대가 본 논어』가 나온 지 10년이 될 무렵, 배 교수가 나에게 읽어보라며 원고를 보내주었다. 정말 눈에 불이 난 듯 '열독'했다. 그 원고가 탈고되기 전에 배 교수는『우리에게 유교란 무엇인가』(녹색평론사)에서 맹자 해석의 새 지평을 예고했다. 글 한

편 한 편이 다 문제작이었다. 맹자 철학의 열쇠 말은 위민이 아니라 여민이라는 점, 우리가 아는 충효는 없다는 점, 삼강과 오륜은 다르다는 점을 표 나게 드러낸 글이 특히 눈에 띄었다. 바로 이 문제의식을 바탕으로 관습에 젖은 번역을 파괴하는 새롭고 참신한 『맹자』 번역을 완성한 것은 물론이고, 특히 묵자와 벌인 대결에서 꽃핀 맹자 사유에 대한 치밀하고 깊이 있는 해석에 찬탄을 금할 수 없었다.

현실사회주의가 몰락한 후 우리 지성을 점령한 포스트모던 철학은 나와 맞지 않았다. 그것은 지적 화려함을 자랑하는 은하수일 수 있을지언정 갈 길을 비추어주는 별은 되지 않았다. 이것저것 게걸스럽게 읽어나갔지만, 루카치가 준 충격은 다시 나에게 다가오지 않았다. 그런데 놀랍게도 배 교수가 갈고닦아 보여준 『맹자』는 내 칠흑 같은 영혼에 다시 떠오른 별이었다.

버트런드 러셀은 폴란드 출신의 소설가 조지프 콘래드를 높이 평가했다. 한동안 그와 긴밀한 교류를 맺을 정도였으니, 얼마나 좋아했는지 알 만하다. 『러셀 자서전』에는 콘래드와 맺은 인연이 상세히 묘사되어 있는데, 뒤이어 이런 내용이 나온다.

"이제 콘래드도 서서히 잊히고 있는 것 같다. 그러나 그의 강렬하고 열정적인 고결함은 마치 우물 바닥에서 바라본 별처럼 내 기억 속에서 빛나고 있다. 그의 빛이 나를 밝혀주었듯 다른 사람들도 환히 비추게 만들고 싶다."

내가 배 교수 덕분에 알게 된 맹자라는 별로 당신을 환히 비추고 싶어 이 책을 썼다. 더 깊이 맹자를 알고 싶다면 배병삼의 『맹자, 마음의 정치학』(전 3권, 사계절)을 읽어보길 권한다. 당신에게도 갈 길을 일러주는 별이 되리라 믿는다.

주

양혜왕은 어쩌다 빌런이 되었나

1. 채인후, 천병돈 옮김, 『맹자의 철학』, 19~35쪽, 예문서원, 2000.

2. 배병삼, 『맹자, 마음의 정치학 1』, 50쪽, 사계절, 2019.

3. 김용옥, 『맹자, 사람의 길 상』, 78쪽, 통나무, 2012.

4. 리카이저우, 박영인 옮김, 『공자는 가난하지 않았다』, 50~75쪽, 에쎄, 2012.

왕께선 하필 이익을 말씀하십니까!

1. 배병삼, 『맹자, 마음의 정치학 1』, 64~66쪽, 사계절, 2019.

2. 풍우란, 박성규 옮김, 『중국철학사 상』, 129~175쪽, 까치, 1999.

3. 배병삼, 앞의 책, 80쪽

4. 배병삼, 앞의 책, 66쪽

오직 인의만 있을 뿐이다

1. 배병삼, 『논어, 사람의 길을 열다』, 182~183쪽, 사계절, 2005.

2. 이승환, 『유가 사상의 사회철학적 재조명』, 122~149쪽, 고려대학교출판부, 1998.

3. 이승환, 앞의 책, 53쪽.

4. 김용옥, 『맹자, 사람의 길 상』, 198쪽.

지성사 최초의 진화 철학자

1. 이토 진사이, 최경열 옮김, 『맹자고의』, 139쪽, 그린비, 2016.

인간이 짐승과 다를 수 있는 네 가지 실마리

1. 이혜경, 『맹자《맹자》』, 61쪽, 서울대학교 철학사상연구소, 2004.

2. 배병삼, 『맹자, 마음의 정치학 3』, 17쪽, 사계절, 2019.

3. 신정근, "조심과 야기로 마음을 수양하라", 「매경이코노미」, 2014. 1. 13.

4. 신정근, 『맹자의 꿈』, 285쪽, 21세기북스, 2021.

5. 배병삼, 『맹자, 마음의 정치학 1』, 60쪽.

6. 배병삼, 앞의 책, 298쪽 재인용.

7. 풍우란, 박성규 옮김, 『중국철학사 상』, 807쪽, 까치, 1999.

8. 이혜경, 『맹자《맹자》』, 65~66쪽.

9. 이혜경, 앞의 책, 66쪽.

10. 이혜경, 앞의 책, 68쪽.

11. 김용옥, 『맹자, 사람의 길 상』, 428쪽.

12. 배병삼, 『맹자, 마음의 정치학 2』, 224쪽, 사계절, 2019.

13. 김용옥, 앞의 책, 429쪽.

14. 이세동, 『서경』, 213쪽, 을유문화사, 2020.

이익의 정치와 덕의 정치

1. 마이클 샌델, 이창신 옮김, 『정의란 무엇인가』, 198~200쪽, 김영사, 2010.

2. 김용옥, 『맹자, 사람의 길 상』, 315쪽.

3. 배병삼, 『우리에게 유교란 무엇인가』, 124~143쪽, 녹색평론사, 2012.

독재하는 '또라이'는 갈아치울 수 있다

1. 이혜경, 『맹자《맹자》』, 7~8쪽.

2. 전호근, 『맹자-우리는 어떤 통치자를 원하는가』, 26~27쪽, EBS BOOKS, 2022

3. 김월회, 『맹자에게 배우는 나를 지키며 사는 법』, 10~11쪽, EBS BOOKS, 2023.

4. 이승환, 『유가 사상의 사회철학적 재조명』, 55~66쪽.

5. 김민호, 『충절의 아이콘, 백이와 숙제』, 179~200쪽, 성균관대학교출판부, 2020.

인륜, 관계성의 철학

1. 배병삼, 『논어, 사람의 길을 열다』, 183쪽.

2. 배병삼, 앞의 책, 183쪽.

3. 신정근, "유교 윤리의 '동반성'에 대한 현대적 재해석", 「동양철학」, 34집, 한국동

양철학회, 2010. 12.

4. 서양근대철학회,『서양 근대 철학의 열 가지 쟁점』, 352쪽, 창비, 2004.

5. 신영복,『강의』, 23~24쪽, 돌베개, 2004.

6. 신영복, 앞의 책, 506쪽.

7. 네이버한자사전.

8. 안재원, "전쟁에서 평화로의 전환을 위해선 '한마음'이 필요", 「경향신문」, 2017.
   6. 16.

9. 배병삼,『우리에게 유교란 무엇인가』, 108쪽.

10. 배병삼,『맹자, 마음의 정치학 2』, 248~249쪽.

11. 배병삼,『맹자, 마음의 정치학 1』, 32쪽.

12. 장유승, "부부유별은 성 윤리다", 「국민일보」, 2021. 5. 5.

13. 이창형, "부부유별의 참뜻", 「울산여성뉴스」, 2017. 5. 25.

14. 배병삼,『맹자, 마음의 정치학 2』, 329쪽.

15. 파울로 코엘류, 임두빈 옮김『포르토벨로의 마녀』, 317~318쪽, 문학동네, 2013.

16. 배병삼,『우리에게 유교란 무엇인가』, 76~91쪽.

17. 신영복,『강의』, 45쪽.

18. 신정근, "유교 윤리의 '동반성'에 대한 현대적 재해석", 「동양철학」, 34집, 한국
    동양철학회.

맹자는 사회주의자인가?

1. 전호근,『맹자-우리는 어떤 통치자를 원하는가』, 55쪽, EBS BOOKS, 2022.

2. 배병삼,『맹자, 마음의 정치학 3』, 219쪽.

3. 배병삼,『맹자, 마음의 정치학 1』, 332~334쪽.

4. 김월회, "맹자가 말하는 '항산'과 '항심'", 「경향신문」, 2017. 4. 14.

5. 이근식, "시장의 실패", 「프레시안」, 2011. 9. 19.

6. 신광영, "사회민주주의 '시장' 개념", 「문화과학」, 32호, 문화과학사, 2002. 12.

새로운 시대는 저절로 오지 않는다

1. 노자, 이석명 옮김,『도덕경』, 185~186쪽, 올재, 2014.

2. 노자, 이석명 옮김, 앞의 책, 119쪽.

3. 오항녕,『호모 히스토리쿠스』, 110~111쪽, 개마고원, 2016.

4. 배병삼,『맹자, 마음의 정치학 3』, 382쪽.

5. 오항녕, 『호모 히스토리쿠스』, 118쪽.

6. 배병삼, 앞의 책, 607~609쪽.

7. 이매뉴얼 월러스틴, 이광근 옮김, 『월러스틴의 세계체제 분석』, 230쪽, 당대, 2005.

8. 이매뉴얼 월러스틴, 백영경 옮김, 『유토피스틱스』, 127쪽, 창작과비평사, 1999.

9. 이매뉴얼 월러스틴, 권기붕 옮김, 『문명 변환의 정치』, 9쪽, 경희대학교출판문화원, 2014.

10. 이매뉴얼 월러스틴, 백영경 옮김, 앞의 책, 119쪽.

11. 이매뉴얼 월러스틴, 백영경 옮김, 앞의 책, 93쪽.

12. 이매뉴얼 월러스틴, 백영경 옮김, 앞의 책, 129쪽.

칼날 위를 걷기보다 어려운 길

1. 이승훈, 『한자의 풍경』, 414쪽, 사계절, 2023.

2. 신정근, 『중용, 극단의 시대를 넘어 균형의 시대로』, 45~47쪽, 사계절, 2010.

3. 로저 에임스·데이비드 홀, 장원석 옮김, 『일상사에 초점 맞추기』, 104~105쪽, 한국학중앙연구원출판부, 2019.

4. 로저 에임스·데이비드 홀, 장원석 옮김, 앞의 책, 64쪽.

5. 아리스토텔레스, 김재홍·강산진·이창우 옮김, 『니코마코스윤리학』, 63~67쪽, 이제이북스, 2006.

장례를 둘러싼 논쟁

1. 지그문트 프로이트, 김미리혜 옮김, 『히스테리 연구』, 202~205쪽, 열린책들, 1997.

2. 김용옥, 『맹자, 사람의 길 상』, 27쪽.

3. 전호근, 『맹자-우리는 어떤 통치자를 원하는가』, 40~43쪽, EBS BOOKS, 2022.

부모 뜻을 어기지 않는 것만이 효도인가?

1. 배병삼, 『맹자, 마음의 정치학 2』, 370쪽.

스승에게 덤벼드는 제자

1. 이동욱, "맹자 효 개념의 윤리적 확장성에 대한 연구", 「태동고전연구」, 제27집, 한림대학교 태동고전연구소, 2011.

2. 김용옥, 『맹자, 사람의 길 하』, 514쪽.

시대적 소명을 스스로 짊어진 사람

1. 배병삼, 『맹자, 마음의 정치학 2』, 476~478쪽.

2. 배병삼, 앞의 책, 481~483쪽.

3. 배병삼, 앞의 책, 487쪽.

어질고 쓸모 있는 사람이 되기 위한 공부

1. 심영환 옮김, 『시경』, 242~243쪽, 홍익출판사, 1999.

2. 이세동 옮김, 『서경』, 411~412쪽, 을유문화사, 2020.

3. 배병삼, 『맹자, 마음의 정치학 1』, 579쪽.

4. 권덕주 옮김, 『서경』, 235쪽, 올재, 2013.

담담한 삶

1. 배병삼, 『맹자, 마음의 정치학 3』, 300쪽.

참고문헌

1. 맹자 완역해설서

김용옥, 『맹자, 사람의 길』(전2권), 통나무, 2012.
동양고전연구회, 『맹자』, 민음사, 2016.
박경환, 『맹자』, 홍익, 2008.
박소동, 『맹자-시대의 이정표가 된 영원한 고전』, 현암사, 2024.
배병삼, 『맹자, 마음의 정치학』(전 3권), 사계절, 2019.
성백효, 『맹자집주』, 전통문화연구회, 2010.
우재호, 『맹자』, 을유문화사, 2007.
이우재, 『이우재의 맹자 읽기』, 21세기북스, 2012.
이을호, 『한글맹자』, 올재, 2012.
이토 진사이, 최경열 옮김, 『맹자고의』, 그린비, 2016.
이한우, 『논어로 맹자를 읽다』, 해냄, 2015.
정약용, 이지형 옮김, 『맹자요의』, 현대실학사, 1994.

2. 맹자 해설서

김월회, 『맹자에게 배우는 나를 지키며 사는 법』, EBS BOOKS, 2023.
신정근, 『맹자와 장자, 희망을 세우고 변신을 꿈꾸다』, 사람의무늬, 2014.
신정근, 『맹자의 꿈: 제왕학의 진수, 맹자가 전하는 리더의 품격』, 21세기북스, 2021.
신정근, 『맹자여행기: 절망의 시대, 사람의 길을 묻다』, h2(에이치투), 2016.
이혜경, 『맹자《맹자》』, 서울대학교 철학사상연구소, 2004.
이혜경, 『맹자, 진정한 보수주의자의 길』, 그린비, 2008.
장현근, 『맹자: 바른 정치가 인간을 바로 세운다』, 한길사, 2010.
전호근, 『맹자-우리는 어떤 통치자를 원하는가』, EBS BOOKS, 2022.

채인후, 천병돈 옮김,『맹자의 철학』, 예문서원, 2000.

프랑수아 줄리앙, 허경 옮김,『맹자와 계몽철학자의 대화』, 한울아카데미, 2019.

3. 동양고전

권덕주 ,『서경』, 올재, 2014.

김용옥,『중용 인간의 맛』, 통나무, 2011.

김용옥,『효경 한글역주』, 통나무, 2009.

나관중, 황석영 옮김,『삼국지』(전 10권), 창비, 2003.

노자, 이석명 옮김 ,『도덕경』올재, 2015.

로저 에임스 · 데이비드 홀, 장원석 옮김,『일상사에 초점 맞추기』, 한국학중앙연구
원출판부, 2019.

류종목,『논어의 문법적 이해』, 문학과지성사, 2000.

묵자, 이운구 옮김,『묵자』, 길, 2012.

묵자, 최환 옮김,『묵자』(전 2권), 을유문화사, 2019.

배병삼,『한글세대가 본 논어』, 문학동네, 2002.

사마천, 김영수 옮김,『사기본기』, 알마, 2020.

사마천, 김영수 옮김,『사기세가』, 알마, 2019.

사마천, 김원중 옮김,『사기열전』(전 2권), 민음사, 2020.

성백효,『논어집주』, 전통문화연구회, 2010.

성백효,『대학 중용집주』, 전통문화연구회, 2010.

순자, 김학주 옮김,『순자』, 을유문화사, 2008.

순자, 이운구 옮김,『순자』(전 2권), 한길사, 2006.

신정근,『중용, 극단의 시대를 넘어 균형의 시대로』, 사계절, 2015.

심영환,『시경』, 홍익출판사, 1999.

여불위, 김근 옮김,『여씨춘추』, 글항아리, 2012.

유향, 이숙인 옮김,『열녀전』, 글항아리, 2013.

이민수 옮김,『공자가어』, 을유문화사, 2015.

이상옥,『예기』(전 3권), 명문당, 2003.

이세동,『서경』, 을유문화사, 2020.

좌구명, 신동준 옮김,『춘추좌전』(전 3권),한길사, 2006.

전호근,『대학 강의』, 동녘, 2017.

정약용, 이지형 옮김,『역주 논어고금주』(전 5권), 사암, 2010.

주희, 윤호창 옮김,『소학』, 홍익, 2008.

한비자, 이운구 옮김, 『한비자』(전 2권), 한길사, 2002.

4. 서양고전

게오르크 루카치, 김경식 옮김, 『소설의 이론』, 문예출판사, 2007.

아리스토텔레스, 김재홍·강상진·이창우 옮김, 『니코마코스 윤리학』, 이제이북스, 2006.

애덤 스미스, 김수행 옮김, 『국부론』(전 2권), 비봉출판사, 2007.

애덤 스미스, 김광수 옮김, 『도덕감정론』, 한길사, 2016.

존 로크, 강정인·문지영 옮김, 『통치론』, 까치, 2022.

지그문트 프로이트, 김미리혜 옮김, 『히스테리 연구』, 열린책들, 1997.

토머스 모어, 주경철 옮김, 『유토피아』, 을유문화사, 2021.

플라톤, 박종현 옮김, 『국가·정체(政體)』, 서광사, 2005.

호메로스, 이준석 옮김, 『오뒷세이아』, 아카넷, 2023.

호메로스, 이준석 옮김, 『일리아스』, 아카넷, 2023.

5. 교양서

김민호, 『충절의 아이콘, 백이와 숙제』, 성균관대학교출판부, 2020.

데이비드 S. 니비슨, 김민철 옮김, 『유학의 갈림길』, 철학과현실사, 2006.

뤼트허르 브레흐만, 조현욱 옮김, 『휴먼카인드』, 인플루엔셜, 2021.

리카이저우, 박영인 옮김, 『공자는 가난하지 않았다』, 에쎄, 2012.

마이클 샌델, 이창신 옮김, 『정의란 무엇인가』, 김영사, 2010.

박완규, 『리바이어던, 근대 국가의 탄생』, 사계절, 2007.

배병삼, 『논어, 사람의 길을 열다』, 사계절, 2005.

배병삼, 『우리에게 유교란 무엇인가』, 녹색평론사, 2012.

서양근대철학회, 『서양 근대 철학의 열 가지 쟁점』, 창비, 2004.

선우현, 『홉스의 리바이어던-국가의 힘은 개인들에게서 나온다』, EBS BOOKS, 2023.

신영복, 『강의-나의 동양고전 독법』, 돌베개, 2004.

오항녕, 『호모 히스토리쿠스』, 개마고원, 2016.

이매뉴얼 월러스틴, 권기붕 옮김, 『문명 변환의 정치』, 경희대학교출판문화원, 2014.

이매뉴얼 월러스틴, 백영경 옮김, 『유토피스틱스』, 창작과비평사, 1999.

이매뉴얼 월러스틴, 이광근 옮김, 『월러스틴의 세계체제 분석』, 당대, 2005.

이승훈, 『한자의 풍경』, 사계절, 2023.

이승환, 『유가 사상의 사회철학적 재조명』, 고려대학교출판부, 1999.

장대익, 『공감의 반경』, 바다출판사, 2022.

정지아, 『아버지의 해방일지』, 창비, 2022.

존 롤스, 황경식 옮김, 『정의론』, 이학사, 2003.

파울로 코엘류, 임두빈 옮김 『포르토벨로의 마녀』, 문학동네, 2013.

프란스 드 발, 최재천·안재하 옮김, 『공감의 시대』, 김영사, 2017.

프랭크 러벳, 김요한 옮김, 『롤스의 「정의론」 입문』, 서광사, 2013.

풍우란, 박성규 옮김, 『중국철학사』, 까치, 1999.

6. 논문과 기사

김월회, "맹자가 말하는 '항산'과 '항심'", 「경향신문」, 2017. 4. 14.

신광영, "사회민주주의 '시장' 개념", 「문화과학」, 32호, 문화과학사, 2002. 12.

신정근, "유교 윤리의 '동반성'에 대한 현대적 재해석", 「동양철학」, 34집, 한국동양철학회, 2010. 12.

신정근, "조심과 야기로 마음을 수양하라", 「매경이코노미」, 2014. 1. 13.

안재원, "전쟁에서 평화로의 전환을 위해선 '한마음'이 필요", 「경향신문」, 2017. 6. 16.

이근식, "시장의 실패", 「프레시안」, 2011. 9. 19.

이동욱, "맹자 효 개념의 윤리적 확장성에 대한 연구", 「태동고전연구」, 제27집, 한림대학교 태동고전연구소, 2011.

이창형, "부부유별의 참뜻", 「울산여성뉴스」, 2017. 5. 2.

장유승, "부부유별은 성 윤리다", 「국민일보」, 2021. 5. 5.

최소한의 윤리

초판 1쇄 발행 2025년 9월 17일

지은이 이권우
발행인 김형보
편집 최윤경, 강태영, 임제희, 홍민기, 강민영, 송현수, 박지연, 김아영
마케팅 이연실, 김보미, 김민경, 고가빈 **디자인** 김지은, 박현민 **경영지원** 최윤영, 유현

발행처 어크로스출판그룹(주)
출판신고 2018년 12월 20일 제 2018-000339호
주소 서울시 마포구 동교로 109-6
전화 070-5080-4037(편집) 070-8724-5877(영업) **팩스** 02-6085-7676
이메일 across@acrossbook.com **홈페이지** www.acrossbook.com

ⓒ 이권우 2025

ISBN 979-11-6774-235-3 03190

• 잘못된 책은 구입처에서 교환해드립니다.
• 이 책은 저작권법에 따라 보호를 받는 저작물이므로 무단 전재와 무단 복제를
  금지하며, 이 책의 전부 또는 일부를 이용하려면 반드시 저작권자와
  어크로스출판그룹(주)의 서면 동의를 받아야 합니다.

만든 사람들
편집 최윤경 **교정** 이진숙 **표지디자인** 강경신디자인 **본문디자인** 송은비